令和型いじめ解決マップ

ゼロからわかる予防と対応ガイド

千葉孝司 著

明治図書

はじめに

　交通事故があったとします。被害者はもちろん，加害者も，自己現場の周囲で暮らす人々も，誰一人として幸せになる人はいません。そのときだけの問題ではなく，その後の人生にも暗く重い影を射すことでしょう。

　これは，いじめも全く同じです。被害者も加害者もクラスの子どもたちも，保護者，教職員，地域の人も……。誰一人として幸せになることはありません。

　今日も日本のどこかで，いじめ防止のために，様々な教育活動が行われています。子どもは教師の思いを受け止め，「いじめはしません」と口にします。ところが，いじめは起きます。

　それは，わかることとできることは別だからです。

　教師が，その子が二度といじめをすることのないように寄り添いながら，できるようになるまで導いたとします。

　それでも，いじめは起きます。人は自分一人では決してやらないようなことでも，集団になるとやってしまうことがあるからです。

　さらに，これまでのいじめ指導と令和の子どもたちとの相性の悪さも看過できない部分です。

　教室は，交通事故多発地帯にたとえることができます。この場の地理や交通量や交通状況に精通することが，交通事故を防ぐことにつながります。

　この「令和型いじめ解決マップ」が，教室のトラブル防止につながればと願っています。

2025年3月　　　　　　　　　　　　　　　　　　　　千葉　孝司

Contents

はじめに

序章　令和型いじめの根

○教育の場から教育というサービスを受ける場へ　10

○寛容さを失い攻撃する社会　10

○他者視点の喪失　11

○オリンピック選手への批判から見えてくるもの　13

○最適化された空間からストレスフルな閉鎖空間へ　14

○いじめが成立する３要素　16

○その子にとっての主人公でいられる教室へ　18

第１章　WANT と STORY で対応する

○いじめは WANT から発生する　20

○子どもが納得できる STORY をつくる　23

○２つの STORY　26

Contents

第2章　令和型いじめ解決マップ

- ○学級内の基本的欲求　32
- ○崩れるいじめの4層構造　33
- ○頻繁に入れ替わる被害者と加害者　35
- ○被害者バージョン　36
- ○加害者バージョン　39
- ○第2ステージから
  第1ステージへの後退リスク要因　40

第3章　解決のSTORYを
　　　　子どもとつくる

- ○点ではなく線で考える　44
- ○全員被害者のいじめのケース　45
- ○3種類のゴールを考える　48
- ○子どもたちのWANTを考える　51
- ○選択肢を与えてSTORYをつくる　53

5

第4章　保護者の WANT に対応する

○消費者としての保護者の WANT　56

○子どもと一体化した保護者の例　58

○保護者の感情に焦点をあてる　60

○説明の手順　63

○保護者の望む役回りは変えない　65

第5章　令和型いじめ対応の勘所

○告白して断られて傷ついた，いじめだというケース　68

○賢者からの質問カードで意欲的に考えさせる　71

○表情カードで多角的に考えさせる　75

Contents

第6章　令和型いじめ予防の勘所

- ○アクセルばかりを教えてブレーキを教えない学校　80
- ○子どもの WANT にはない SOS を出す自分　81
- ○ SOS を出す状況を受け入れさせる　82
- ○ SOS カードの実践　助けを求める練習　83
- ○リスク回避から生まれるリスク　85
- ○ルールとマナーを使い分ける　85
- ○マナーの良いクラスというイメージを持たせる　87
- ○自由の相互承認に基づいたルールを　89
- ○勉強を教えたことがいじめにつながる時代　90

第7章　学級の荒れから生まれるいじめ

- ○公式のルールと非公式のルール　92
- ○公式のルール＜非公式のルール状態での指導　93
- ○人間関係のチェックポイント　94

第8章　令和の子どもたちに伝えたいこと

○長い話を聞けない子どもたち　104

○いじめとは境界線の侵入　104

○前にやられたから，仕返しだという子どもたちに　106

○被害者にも原因があるという子どもたちに　108

○多様性は認めるけれどかかわらないという子どもたちに　109

○命を軽視する子どもたちに　111

第9章　令和型いじめ予防授業

○遊んでいただけ　114

○これでいいの？　128

○僕は悪くない！　141

おわりに

序章
令和型いじめの根

教育の場から教育というサービスを受ける場へ

　学校は教育の場です。子どもが様々なことを学び，経験し，成長していくことが学校の役目です。しかし2000年代に入ってから，教師はサービス業であるという声が大きくなりました。もちろん，そういった側面を意識することで，より良い教育につながることもあるでしょう。しかしサービスには提供する側と提供される側が存在します。提供される側は消費者です。消費者は当然のことながら，より良いサービスを，提供する側に求めるようになります。

　ホテルに泊まって，水道の水が出なければフロントにすぐに改善を求めるでしょう。ホテル側もより良いサービスを提供すべく，部屋にはアンケート用紙を置き，利用者の声を聞こうとします。

　では，子どもが学校でけんかをして帰ってきたときに，子どもが嫌な思いをしたからけんかさせるなと学校側に求めるのはどうでしょう。あるいは勉強がわからないという子どもの声から，先生を代えろと訴えるのはどうでしょう。

　もちろん十分な配慮が必要な子どもはいますが，子どもが不快に思うことをただ排除していく先に，子どもの適応や成長はありません。

　けんかをするからこそ，仲直りの仕方を学ぶことができます。

　勉強がわからないからこそ，勉強の仕方を工夫しようとします。

　そこに教育の場としての機能があります。世の中に蔓延する過剰な消費者意識は，学校の機能を崩壊させようとしています。そこに自分のことを振り返らずに一方的に相手を変えることが正しいと思う子どもが生まれます。

　極度な消費者意識は令和型いじめの根の一つと言えるでしょう。

寛容さを失い攻撃する社会

　多様性が認められつつある世の中で，どういうわけか寛容さが失われてい

るように感じます。自分と違う主義主張の者に対する言説は，容赦のないものとなっています。

自分が嫌いな相手にも愛する家族がいるという考えは，攻撃にブレーキをかけさせる効果がありました。想像力は人と人との緩衝材になるのです。しかし，今やブレーキは存在せず，徹底的に攻撃する様は，まるで嫌いな虫を見つけて，悲鳴をあげながら踏みつぶす子どものようです。

学校と社会は地続きです。子どもたちは大人の社会のありようを観察しながら，自分たちの振る舞いを学びます。

同じ学級の子どもであっても，自分とは違うグループ，意見の合わない人間であれば，そこに容赦のない攻撃を加えてもいい。今の社会は，そんな感覚を子どもに植え付けているのではないでしょうか。これもまた令和型いじめの根の一つと言えます。

他者視点の喪失

新型コロナウイルスが蔓延する前と後とでは，世界は大きく様変わりしました。特に人のつながりは脆弱なものへと変わりました。

豊富なつながりのある社会で子ども時代を過ごした大人と，現在の子どもとでは大きく感性が異なっています。人と人とが共に生きるためには，他者を理解しようとする姿勢が必要です。

残念ながら子どもたちの他者と過ごしてきた時間の量と質は，今の大人と比べて驚くほど貧弱なものになりました。その結果，他者という視点に現実味を持てなくなったように感じます。

その反面，他者の目を過剰に意識する面もあります。少子化によって子ども一人一人に注がれる大人の目，やかましく言われる大人の口は増えています。見ている大人が増えているのではなく，見られる子どもが減っているからです。

そのことで，他者は自分に注目しているものだという感覚を子どもに植え

付け，過剰に意識させてしまいます。

　また他者の目を過剰に意識するのは，他からの攻撃を回避しようという気持ちの表れです。ネット社会は，様々なものを可視化しました。以前であれば目にすることのなかった，遠方に住む者の愚痴すら，スマホによって半径50センチ以内で目にするようになりました。

　結果的に，悪口や暴言といった攻撃のあふれる社会に子どもたちは生きています。自分を守るために過剰に他者を意識し，他者の目にとまらないようにするのは当然のことです。それもまたある種の他者視点の喪失と言えるでしょう。子どもたちの持つ他者の視点は歪なものとなりました。

　他者からどう見られているかは気になるが，他者に寄り添うことが難しくなった子どもたち。これもまた令和型いじめの根の一つでしょう。

　その根から伸びた芽は，やがていじめという毒を持つ果実を実らせます。その実一つ一つを取り除くことだけではなく，いじめの根を意識した予防が必要になってきます。

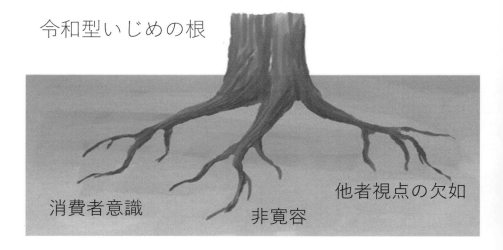

令和型いじめの根

消費者意識　　非寛容　　他者視点の欠如

序章　令和型いじめの根

オリンピック選手への批判から見えてくるもの

　2024年のパリオリンピックにおいて，敗戦後に号泣した選手がいました。そこには様々な意見がありました。そのことの是非はともかく，あらためて実感したことがありました。

　それは人々がオリンピックを消費の対象として見ているということです。映画やドラマであれば，作品の結末が気に入らなければ，それを批判する人が出るのは当然のことと思います。あるいはレストランに入って，極端に悪いサービスであれば，小言の一つも言いたくなることでしょう。

　では試合後に涙する場面はつくりごとなのでしょうか。あるいは選手は視聴者にサービスを提供するために試合をしているのでしょうか。ここに消費者意識を感じます。

　また試合後の涙についても，泣きながら試合をしているのであれば，それはメンタルを整えて試合に臨みなさいと言いたくもなるでしょう。しかし涙を流したのは試合後です。

　勝っても負けても，あふれだした感情は自分でもコントロールできません。選手のそれまでの努力を思えば，そんなことくらいで目くじらを立てなくてもいいのにと感じます。

　さらに，ネットにあふれる，それに対する発言が当事者への配慮が足りないということに残念な気持ちになりました。発信は回り回って本人や家族，友人，知人の目にふれるかもしれません。そのことで悲しみや苦しみを感じる人がいるであろうこと，他者への存在に対する配慮が不足しているのではと感じます。

　これが学級で起こるとどうでしょう。想像してみてください。クラス一の俊足の子どもが，リレーのアンカーで転倒し，負けてしまい号泣しています。もしクラスの子どもたちが次のように考えるとどうなるでしょう。

　勝利という感動（サービス）が受けられなかった。

負けたのはアンカーが速いのに転倒したからだ。

そこに容赦のない批判や陰口といったものが飛び交えば，それはもういじめになるのではないでしょうか。

こう考えると令和型いじめの根は，社会にもクラスの中にも伸び，張り巡らされていると言えるでしょう。

最適化された空間からストレスフルな閉鎖空間へ

いじめを考える際に押さえておかなければならないことがあります。それは，いじめは主として学級という閉鎖空間で発生するということです。

閉鎖空間は逃げ場がないことを意味します。逃げ場がないからこそ，いじめの被害者というポジションにならないような生存戦略を持って，子どもは暮らします。

ある子は，ターゲットにならないように目立たないことで安全を確保します。

ある子は，他の子をターゲットにすることで安全を確保します。

ある子は，周囲といっさいかかわらないように距離をとって安全を確保します。

その空間が人間関係も良好で，それぞれが活躍の場があり，尊重される空間であれば，いじめは起こりにくくなるでしょう。

しかし，その状況を一足飛びに実現できるわけでもありません。

子どもたちは，思い通りにならない自分や場所，他の人に対して，自然とそこにストレスを抱えていきます。

一昔前の大家族の子どもは，弟妹に大切なものを壊され，文句を言うと，反対に親に「そんなところに置いているから悪い」と注意されました。そんな理不尽さは暮らしの中のいたるところにありました。そこで理不尽なこと

序章　令和型いじめの根

も，仕方がないとやり過ごす術を身に付けてきたのです。それには愚痴を言える祖父母など他の家族の存在も大きかったのかもしれません。

それに比べると現代の子どもたちの多くは，寒暖をコントロールされた部屋で，寝ころびながら好きな動画を楽しむ。そんな生活を自分のペースで過ごしています。その生活と教室内での生活のギャップは，そのままストレスとなっていきます。

学校には閉鎖された空間とストレスの２つが，常に存在します。

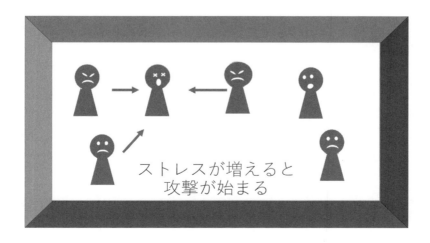

いじめが成立する３要素

　空間にストレスがあることが，即いじめになるとは限りません。いじめには成立するための３要素があります。

　ウォーターガン（水鉄砲）で例えると次のようになります。
ポンプ（ストレス）
引き金（攻撃性）
ターゲット（被害者）

　ポンプはストレスです。学校や家庭生活でのストレスによってポンプに水がたまっていると，その攻撃は執拗になり持続します。

　引き金は攻撃性です。自分をコントロールすることが苦手という衝動性が高く，自己中心的であると引き金は引かれやすくなります。仮にポンプが空であれば，その攻撃は，その場限りの反射的な悪口になります。

　ターゲットは被害者です。被害者に選ばれやすいのは，反撃してこない子です。

　縁日の射的に多くの人が楽しく参加するのは，反撃されないからです。次に嫉妬の対象になる子，怒りや反感を買う子も被害者に選ばれやすい子と言えるでしょう。

　もちろんそこに的があるから撃ってみたい，そう思うこともあります。しかしターゲット単独では，いじめは起きにくいものです。仮に被害者にも非があると思ったとしても，そこに自制心があれば，いじめは起きないからです。ターゲットが原因で起きるように見えるいじめは，ターゲットの言動でストレスがたまっている，そんなポンプの問題がかかわっているのです。

いじめが成立する3要素

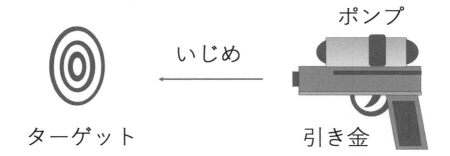

ポンプ，引き金，ターゲット。

　これらのない教室はありません。どんな学級でも，常にいじめは起きます。教師だけでいじめをなくそうとしても，そこには限界があります。いじめをなくそうと教師が目を光らせ，少しの言動にも徹底的に指導し管理していけば，いじめをなくせると考える人もいるでしょう。

　しかし，それではポンプの水は増すばかりで，陰に隠れたいじめが増えることになります。

　ポンプの水がたまっている子には，話を聞いて水を抜いてやり，引き金をすぐに引いてしまう子には，自身をコントロールする術をトレーニングしていく必要があります。

　令和型のいじめは，被害者，加害者が入れ替わります。これに対しては，加害者にはこうしよう，被害者にはこうしようと分けた対応を考えていると，常に後手に回ってしまうことになります。全ての子に，ポンプと引き金を意識した指導を重ねていく必要があります。

その子にとっての主人公でいられる教室へ

　教室という閉鎖空間で，いじめをなくそうとするのは，ビニールハウスで植物を栽培しているのに似ているのかもしれません。枝の伸びていく方向に気を配り，水や肥料は足りているか，室温はどうか。様々なことに気を配る必要があります。それでも気がつけば，いじめという悪い実は，ここかしこに実っています。それをとってもとってもいじめという実がなくなることはありません。

　土の中のいじめの根はどうなっているのかという視点が必要です。

　自分が大切にされたいように，他の人だって大切にされたいと思っている。

　このことに素直に賛成できるでしょうか。ひょっとして，自分は大切にされていないし，他の人のことはどうでもいいと思っている子どもはいないでしょうか。

　自分が完璧ではないように他の人にも完璧さを求めることはできない。そう思うのではなく，自分の不完全さには目を向けず，ひたすら人を責めている子どもはいないでしょうか。

　自分に考えがあるように他の人にも人それぞれの考えがある。そのことをわかっているでしょうか。他の人に左右されずに，自分の考えを曲げずに生きていくことが大切だ。そう思う独善的な子どもはいないでしょうか。

　これらの考えを放置していると次々にいじめの芽が生まれ，実が実っていきます。いじめと両立しないポジティブな考え，いじめが起きにくい土壌を意識することが大切です。

　教室は安全で，自分の願いや気持ちが大切にされるように他の人の願いや気持ちも大切にされる場だ。

　そんな土壌の学級をつくることが，いじめをなくす上で大切なことではないでしょうか。

第1章
WANTとSTORYで対応する

いじめはWANTから発生する

　前章で，いじめの根について述べました。それらは，いじめを起こりやすくする要因ではありますが，原因そのものではありません。
　子どもがいじめを行うとき，そこには必ず欲求があります。欲求がありながらも，それはしてはいけないという考えも同時に持っています。

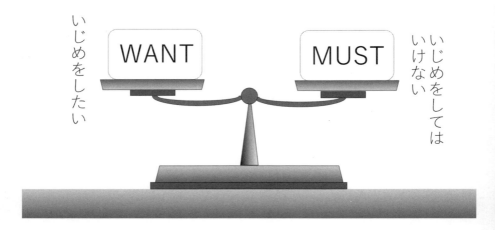

　欲求をWANT，考えをMUSTと呼ぶことにします。これらがつりあっていたり，MUSTが重くなったりすれば，いじめという行為にはつながりません。
　令和型のいじめは消費者意識が根底にあります。それはWANTを肥大化させます。それに歯止めをかけるはずのMUSTも「ならぬものはならぬのです」といった絶対なものではなく，「多様性」という言葉によって相対化されてしまうのです。
　学校での指導はMUSTを大きくさせようという方向性を持っています。しかし肥大化したWANTの下では，それを受け入れさせことは難しいので

す。
　いじめはダメだと伝えても,「自分もされていた」「他の人もしている」「大人もしている」と,その考えそのものが骨抜きにされてしまうのです。
　WANT は行動原理そのものです。人は快を求め不快を避けるというシンプルな行動原理を持っています。

　いじめを起こす WANT には,どのようなものがあるでしょう。

　求めようとする快としては次のことが考えられます。
・周囲にすごいと思われたい。
・楽しい時間を過ごしたい。

　避けようとする不快には次のことが考えられます。
・周囲になめられる。
・退屈や嫌なことを我慢する。
　そしてこれらは互いに結び付きます。

嫌な相手を見て攻撃したいと思い，攻撃の過程で楽しさを感じ，さらに周囲に力を誇示できる。
　自分が攻撃されるかもしれないという不安を他に攻撃の対象をつくることで紛らせる。
　これらのWANTには2つの方向性があることに気づきます。一つは直接的，積極的に自分が楽しむため，もう一つは間接的に自分を守るためです。自分を守るには周囲からの攻撃を避けることだけでなく，不快，不安から自身を守るという面もあります。

　これらの欲求に正対することなく，してはいけないというMUSTのみを押し付けても，対応はうまくいかないのです。自身のWANTを大切にする子どもにはMUSTのみの指導は通じません。
　むしろその指導による不快は，さらなる攻撃を促進してしまいます。

第1章　WANT と STORY で対応する

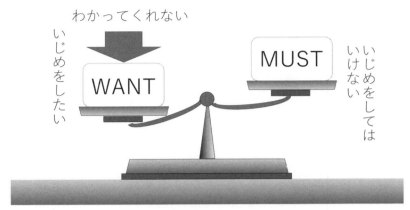

　子どもの心は WANT と MUST で揺れ動きます。WANT をなくすことは難しいことだからです。

子どもが納得できる STORY をつくる

　子どもの WANT は軽視できないとなると，どのような指導が必要になるのでしょうか。
　WANT は点であり，その連続から日々の生活の物語ができます。令和型いじめの対応には，子どもが納得できる物語，STORY を一緒に構築することです。
　いじめだと認めて待っているのは何でしょう。
・周囲から嫌な目で見られる。
・親や先生に叱られる。
　先には悪い未来しか待っていないことになります。一歩進めば転落であり，必死に回避しようとすることになります。

　点で考えると次の図のようになります。

しかし点ではなく，その後のいじめを乗り越えた先の未来や自分自身の成長する STORY を実感できたらどうでしょうか。前に進む気になれるのではないでしょうか。

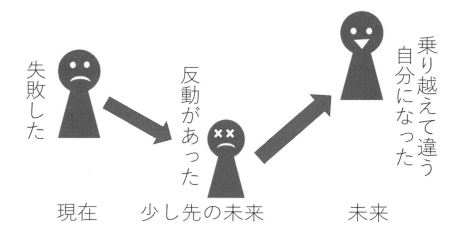

第1章　WANT と STORY で対応する

　失敗のない人生はありません。でもそれを潔く認めて反省し，より優しい行動を選択し，周囲から認められる。そんな STORY をありありとイメージさせることが大切です。

　そのときそのときの欲求ではなく，どんな物語のどんな登場人物でありたいかという欲求を一緒に考えるということです。

　セカオワの愛称で知られる SEKAI NO OWARI というアーティストがいます。彼らの曲に『サザンカ』があります。この曲のサビのラストは次のようなものです。

　夢を追う君へ
　思い出して　つまずいたなら
　いつだって物語の主人公は笑われる方だ
　人を笑う方じゃない
　君ならきっと

　いじめをする子どもには，この歌詞にあるような生き方をイメージさせ，その STORY に沿った生き方をしたいと考えさせるのです。

　そしてそれを一緒に考える先生の役柄は，自分を責める悪役ではなく，自分の危機を救おうとしくれている味方であると認識させることが必要です。

　物語として意識するためには傍観者という物語の受け手とでも言うべき存在を意識させることも大切です。

　次節では具体的な事例で，良い例，悪い例を考えていきましょう。

25

2つのSTORY

事例：小学5年生のA君の，同じクラスのB君に対しての暴言，暴力。

　A君は勉強が苦手で，授業中真面目に取り組まないことがあり，それに対してB君が注意する場面がしばしば見られました。それに対して，A君の「バカにされたくない」「Bのことが気に入らない」という思いからかB君への暴言，暴力につながったようです。

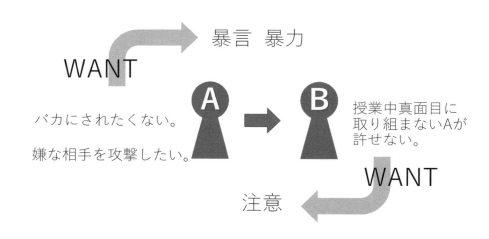

悪い例
担：A君のB君に対する行為について話を聞かせてもらえるかい。
A：Bが悪いんです。
担：え，B君が悪いの。
A：そうです。
担：B君は君にひどいことを言われたり暴力を振るわれたりしているんだよ。
A：いつもバカにしてくるから。

担：バカにしていると言うけど，ちゃんとやらない場面で注意していること
　　もあるよね。
Ａ：先生は，どうせＢの味方だから。
担：そういう問題じゃなくて，君がＢ君に対してひどいことを言ったり，暴
　　力を振るったりしていることが悪いんだろう。
Ａ：だから，それはＢがバカにするからです。

　この例では，Ａ君には，担任が望んでいるのはＡ君が悪役になる STORY
のように感じることでしょう。それは本人にとって受け入れがたいものです。
そこでＡ君は，無理解な担任に不当に責められるかわいそうな主人公という
役回りを演じようとしています。

良い例
担：Ａ君のＢ君に対する行為について話を聞かせてもらえるかい。
Ａ：Ｂが悪いんです。
担：Ｂ君が悪いと思っているんだね。
Ａ：そうです。
担：Ｂ君のどういうところが悪かったのかな。
Ａ：いつもバカにしてくるから。
担：いつもバカにしてくるんだね。
Ａ：そうです。自分が勉強ができないときとか，そんなのもわからないのっ
　　てバカにするんです。
担：勉強ができないときに，バカにされたように感じていたんだね。
Ａ：そうなんです。
担：それで君はどんなことをしたのかな。
Ａ：腹が立って言い返したり，少しだけ押したりしました。
担：バカにされたと思ったら腹が立つよね。君がそうしようとする気持ちは
　　理解できるよ。

27

Ａ：はい。

担：その気持ちからは２種類の行動が生まれると思うんだけど，どんな行動
　　だと思う？

Ａ：え，やり返す。

担：そうだね。腹が立った気持ちをそのままぶつける方法だね。

Ａ：はい。

担：もう一つはわかるかな？

Ａ：わかりません。

担：もう一つはね，腹が立った気持ちをバネにして努力するという方法だよ。

Ａ：ああ。

担：腹が立った気持ちをそのままぶつけた場合，周りの人はどう思うかな。

Ａ：周りは，どうでもいいんで。

担：ああ，周りはどうでもいいと思っているんだね。

Ａ：はい。仲が良い奴は別ですけど。

担：仲が良い人は別にして，周りのことはどうでもいいというのは，君が周
　　りのことを軽く見て大切にしていないということになるね。

Ａ：周りもそんな感じだから。

担：なるほどね。どっちが先とかあるのかもしれないけど，今は周りの人の
　　ことを大切にしていないし，自分も大切にされていない状況だね。

Ａ：まあ，そうですね。

担：そんな中で，腹が立った気持ちをそのままぶつけていたら，仲が良い人
　　も離れていってしまうかもしれないね。

Ａ：そうなったら仕方ないです。

担：それって，君にふさわしいSTORYじゃないと思うんだよね。

Ａ：え。

担：誰にでも苦手なことがあって，それはクラスの人も一緒だね。

Ａ：そうですね。

担：君が勉強が苦手で，B君にバカにされたとするよ。それをバネにして自

28

第1章　WANT と STORY で対応する

分なりに努力していれば，周りは君を攻撃する気持ちになるかな。

Ａ：それはならないかも。

担：そうでしょ。誰だって苦手なことがあって，それに対して努力するのは大変なことだよ。それを君が苦手でも，すぐに投げ出さないで，どうやったらできるんですかって質問したりして，努力しようとする姿を見せたら，周りは君のことをすごいやつだと思うんだよ。

Ａ：そうですか。

担：君は君の人生の主人公だよ。どんな物語の主人公でありたいと思う。腹が立って，すぐにそれをぶつけるカッコ悪い主人公とそれをバネにして努力するカッコ良い主人公と。

Ａ：それはカッコ良い方ですね。

担：それが君らしい姿だと思うよ。それが本来の君の姿だよ。

Ａ：はい。

担：誰でも失敗はするけど，本来の君なら，腹が立って相手を攻撃してしまったら，どうするんだろうか？

Ａ：謝ります。

担：先生は君がコースを逸れたらそれを教える役目だよ。

Ａ：はい。

担：そして努力している君を笑う人がいたら，それを注意するからね。

Ａ：はい。

担：腹が立って攻撃していたら，その先には楽しくないことが待っている。そんなことにはしたくない。君のことを大切に思っているよ。先生と一緒にＢ君に謝ろうか。そして君らしい姿で生活していこうね。

Ａ：はい。ありがとうございます。

担：ところで君には笑われたくないという願いがあったように，Ｂ君にも願いがあったと思うんだけど，どんなことかわかるかな。

Ａ：まあ，だいたい。

担：静かな教室で勉強したいってＢ君は言っていたよ。先生はみんなの願い

29

を大切にしたいと思っているからね。

A：はい。

　この例では２つの STORY を示し，本人に選ばせていることになります。選んだ方に進みたいという本人の欲求があれば，素直に歩み始めるのです。

第2章
令和型いじめ解決マップ

学級内の基本的欲求

　教師は，日々どんな願いや欲求を持って生活しているでしょうか。

　学級で深刻な問題など起きずに，日々楽しく安心して生活したい。
　子どもたちの日々の成長に担任として貢献したい。
　子どもたちや同僚から，日々努力していることをわかってもらいたい。

　多かれ少なかれ，このような欲求があるのではないでしょうか。その欲求があるからこそ，様々な取り組みをすることができます。では，この欲求が満たされないとどうなるでしょう。
　大人である教師であっても，自分が望むような教師生活を送っている者に対して，嫉妬したり否定したりという気持ちが出てくるかもしれません。
　あるいは，これらの欲求が十分に満たされなくても，給料ももらっているし，社会的に安定した生活をしていることで我慢できるかもしれません。
　それに対して子どもの持つ欲求は，もっと切実なものになるでしょう。

　・誰からも攻撃されず，日々楽しく**安心**して生活したい。
　・自分の居場所があると感じられ，それに対して**貢献**したい。
　・自分の存在を周囲から**承認**されたい。

　これらが満たされると子どもは日々充実した生活を送ることができます。もし満たされなければ，そこに不安や不満が生まれます。そして，蓄積された不安や不満は出口を求めます。
　この学級内の欲求に目を逸らさず，満たされていくような学級をつくっていくことが，いじめ予防につながっていきます。

崩れるいじめの４層構造

　被害者，加害者，観衆，傍観者（役割はときに入れ替わる）という「いじめの４層構造」が，広く学校での指導の柱となってきました。これは全体像を理解し，指導をするために極めて有効な考え方でした。

　この４層構造の見られる教室は，たとえて言うのなら野球のグラウンドです。内野，外野，さらには守備位置が決まっています。攻守の交代や守備位置の変更もあります。エラーがあっても，乱闘騒ぎは稀でした。

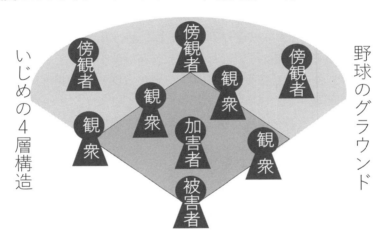

　いじめをあてはめると次のようになります。

　投手が加害者で，被害者である打者にデッドボールをぶつけています。
　内野が観衆で打者に野次を飛ばしています。たまに投手と交代もします。
　外野が傍観者で，遠巻きに眺めています。積極的にかかわることはありません。外野にボールがくると「余計なことに巻き込むな」とその場から離れます。
　傍観者が仲裁者として加害者をたしなめることもありますが稀です。
　別の回では違う配置にもなります。

教師は主審の位置にいて，全体を見渡すことができ，どこにどうかかわれば良いかがわかりやすい状態です。
　これに対し令和の教室はサッカーのピッチです。野球と違って，敵味方が入り乱れながら試合は進みます。もしユニフォームが同じなら戦況もわかりにくいでしょう。いじめは加害者というゼッケン，被害者というゼッケンを着けているわけではないので，それに近いのかもしれません。
　被害者と加害者の関係は，一瞬のパスミスを契機として入れ替わります。
　刻一刻と変わる状況で，指導の手順やタイミングも難しくなります。
　そこに輪をかけて，なぜかピッチに選手のように保護者がいることもあるでしょう。「子ども同士は納得していても私が納得できません」と言って，退場の笛を鳴らされても，そこにいることもあります。
　ペナルティーキックをする選手にスタンドからレーザーポインターで照射し，プレイを邪魔するということが問題になっています。ネットを介して当事者以外の人間が指導を混乱させることがそれに相当するかもしれません。

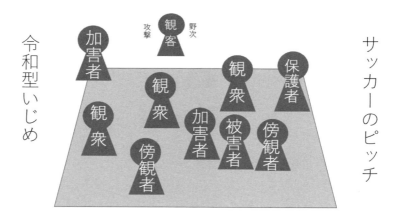

　混沌とした令和型いじめでは，より一層広い視野で問題をとらえ指導する必要があります。

頻繁に入れ替わる被害者と加害者

　本書『令和型いじめ解決マップ』では被害者，加害者それぞれの視点から見ていくことを提唱しています。しかし実際の事例では，被害者と加害者が頻繁に入れ替わるところに令和型いじめの特徴があります。

　被害者→傍観者→加害者→被害者

　このように，ぐるぐると入れ替わる立場を経験するうちに，他人への痛みに鈍感になり，自らの安全を求める気持ちが強まります。

　いじめ被害が続くとつらさを感じないように感情の鈍麻が起こります。そうなると，自分もやられたことがありながらも，被害者の痛みや苦しみに鈍感になってしまい，ふとしたきっかけで加害者になってしまいます。

　被害者と加害者の入れ替わりが頻繁に起こる状態では，個別の事案を追いかけることだけでなく，学級全体を安心，貢献，承認のサイクルに乗せることが大切です。

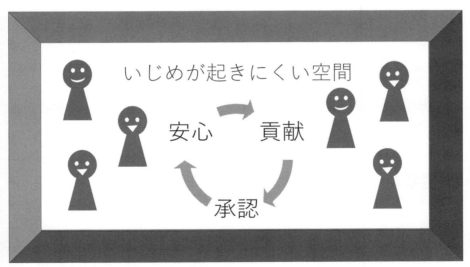

　次の図をご覧ください。これは令和型いじめ対応マップの基本バージョンです。いじめが発生したとき，教師による発見・指導にたどりつかないと，

自然に収束するのは難しいです。そしていじめが繰り返されるうちに内容はエスカレートしていきます。教師による指導によっていじめが止まっても，これはあくまでもゴールAであり，第2ステージの，被害者，加害者が共に学級内での居場所があり充実した生活にたどりつかなければ，また再発してしまいます。

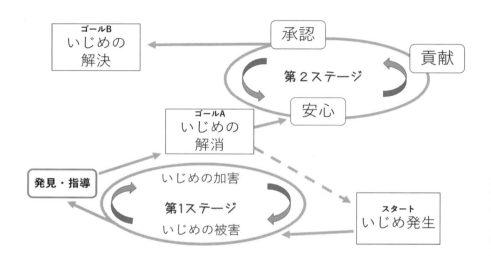

「いじめの解消」で教師は安心してしまうのではなく，安心，貢献，承認のサイクルを経て「いじめの解決」に向かわなくてはなりません。

被害者バージョン

それでは被害者側に視点をあて，いじめ解決に必要なことを考えていきましょう。

まずはいじめが発生します。悪口といった言葉の暴力，叩いたり，蹴ったりといった身体的暴力，仲間から外されたりといった心理的暴力です。加害者に対して嫌悪感を抱きます。

次に被害者側に、いじめが起きるのは、自分に何か原因があるのではないかという思いが去来します。日本人の考えの根底に、因果応報というものがあります。良い行いをすれば良い報いが、悪い行いをすれば悪い報いがあるという仏教に由来する考えです。この考えを加害者側が、「いじめをされるのは、自分（被害者）が悪いからだ」と悪用することもできるわけです。

　災害などの厄災にあった人が「何も悪いことしてないのに」と嘆くのも、この因果応報という考えが知らず知らずのうちに日本人に浸透しているということなのでしょう。

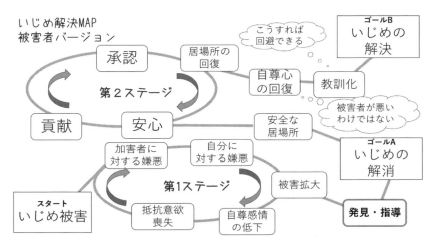

　いじめの被害者も「これを嫌がるのは自分の心が狭いからだ」「自分がきちんと嫌だと言わないからだ」と自分を責めてしまいがちです。すると自分自身に対しての嫌悪感を抱いてしまいます。

　ここで直ちに問題の解決に向かえる子どもは多くありません。すぐに動ける子どもは、自分がこんな不当な扱いをされていいわけがない。そう思えるような自尊感情の高い子です。

　自尊感情の低下はいじめを受け入れることにつながります。そうなるとますます自信や自分自身に対する誇りが失われていきます。

　ここで多くの子は問題を直視せず苦しさを紛らわすために、いじめについ

て，感じないように，考えないようになります。そうなるといじめに対して積極的に抵抗しようという気持ちが薄れてしまうことになります。

　すると加害者側の行為はエスカレートします。第1ステージをぐるぐると回るうちに事態はどんどん深刻化していきます。

　やがて教師が介入し，指導によって，いじめが止まったとします。ゴールＡ「いじめの解消」にたどりついたことになります。多くの教師は，ここで再発にのみ目を向けて，「いじめの解決」を目指すことを忘れてしまいます。被害者にとってのいじめの解決は，いじめが止まることではありません。傷ついた自尊心が回復し，教室で安心して過ごせるようになることです。そのためには第2ステージの循環が必要になります。

　いじめがあるときは，いじめを怖れて休み時間は教室を避けていたかもしれません。いじめが解消すると教室に自分の居場所ができます。

　そこで教室にいても大丈夫だという安心感を得ます。その中で，それまで目立つことを避けていたのが，自分を出せるようになっていきます。それが学級への貢献につながります。そこで周囲から承認されるというサイクルになります。

　　安心→貢献→承認

　このサイクルをぐるぐると回るうちに，「自分はこのクラスにいてもいいんだ」「自分は必要なんだ」という感覚を得て，自尊心が回復していきます。

　この段階で教師が「あの嫌な思いをしないために工夫できることは何だろう」という形で，自分の行為を振り返らせ教訓化させます。

・嫌なことを嫌と言えばよかった。

・もう少し周りに合わせてもよかったかも。

　こういったことが自分から出てくれば，次のいじめを回避する力につながります。この教訓化をゴールＡの前にしてしまうと，自分が悪かったんだと自信喪失につながってしまうわけです。

加害者バージョン

　SNSの発達した現在，様々な攻撃が社会にあふれています。その際に攻撃は巧みに正義の仮面をかぶっていることがあります。社会的な地位のある人が不適切な行為をした場合，責任ある立場の人がそんなことをするなんてけしからんと攻撃する。ここには一定の正義が見られます。しかし単に嫉妬を正当化しているものも多くあるでしょう。

　店員さんの接客態度が悪いということで，執拗に批判をする場合もあります。個人の不快感をはらしているだけ，あるいは日常のストレスを何かのきっかけでぶつけているだけということもあるでしょう。

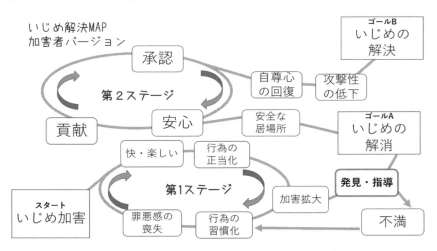

　社会と学校は地続きです。授業がわからずストレスを感じている子どもがいるとします。いつも授業中に退屈やイライラを味わっていれば，休み時間に誰かをかまい，からかいたくなるのも理解できます。これは抑圧，緊張からの解放であり，楽しさを伴います。

　誰かをいじめることで，自分がいじめられないようにするという場合を除けば，多くのいじめは楽しくてしています。そして，それを続けるためには行為を正当化しなくてはなりません。やがてそれは習慣化し，罪悪感も薄れ

ていきます。そして楽しさは同じことをしていると減っていくものです。繰り返されるいじめは，より激しさを増していきます。

　エスカレートするいじめは，やがて教師に発見されることになるでしょう。そこで指導されることで，いじめが止まったとしても，いじめをすることで得られていた楽しさや不安の解消を別のものに置き換えないと，再発につながります。

　そこで加害者も第２ステージのサイクルに入る必要があります。

・安心していられる居場所がある。

・クラスに貢献している。

・クラスの仲間から承認されている。

　そういった経験が積み重なれば，いじめをしなくてもすむ自分へと変化していきます。

第２ステージから第１ステージへの後退リスク要因

　学級全体が，安心→貢献→承認のサイクルに入れば，いじめは起きにくくなります。しかし人の気持ちが日々変化するように，その状態を固定化することはできません。

　第２ステージから第１ステージへと逆戻りをさせてしまう可能性を高めてしまう要因として次の４つがあげられます。

・子ども同士の関係の悪化

・子どもと先生の関係の悪化

・わからない授業

・たいくつな教室

　これらを意識した学級経営が求められます。

第2章 令和型いじめ解決マップ

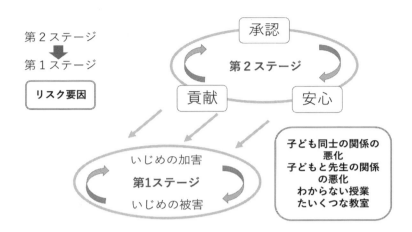

　これらのリスク要因に対応するために，子どもと共に振り返りや改善策を考えるという姿勢が大切です。

　下のような振り返りシートを使って，班ごとに話し合いの時間を設けることも効果的です。

第3章
解決のSTORYを子どもとつくる

点ではなく線で考える

　次の図をご覧ください。これはテレビ番組の一場面，真ん中の女の子を周囲が，からかって笑っています。

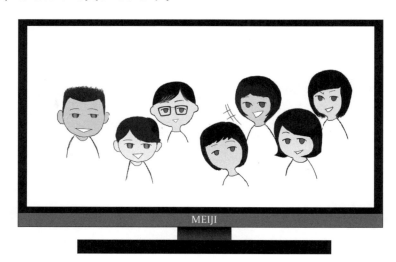

　これがバラエティー番組なら，きっと視聴者に終始笑いをもたらす展開になることでしょう。
　では，これが２時間のドラマ番組の最初のシーンだとどうでしょう。和気あいあいとしているように見えても，不吉な予感がするのではないでしょうか。真ん中の女の子が，いじめの被害にあったり，復讐したり，様々な展開が待っているかもしれません。
　学校生活は最初から最後まで楽しい。そんなバラエティー番組のようではいられません。山あり谷ありの筋書きのないドラマです。誰かをからかい，笑う場面が繰り返し出てくるドラマには，笑える結末は待っていないのです。
　学校生活は，クラスのメンバーである主人公の皆さんが，様々なことを乗り越えて成長していくドラマのようなもの。
　子どもたちには，最初にその設定を認識させる必要があります。そうでな

いとすぐに「つまらない」と口にし，刹那的な楽しみを求めるようになってしまいます。

　この状態は楽しいけど，このドラマは続くとどうなっていくのかな。そう問いかけて，先のことを考えるきっかけをつくる必要があります。学校生活を一場面だけでなく，連続した物語としてとらえさせることが大切です。

全員被害者のいじめのケース

　私たちは他者の存在を意識することで，知らず知らずのうち行動に抑制がかかっています。他者視点の不在は子どもたちに予想外の事態をもたらします。それに加えてスマホの普及などにより，事態は複雑化し，「まさか，そんなこと」とあきれたり絶句したりするケースが増えていくことでしょう。

　次の事例で考えてみましょう。

　私は，中学２年生の学級担任です。クラスの中でトラブルが起こり，対応に困っています。クラスのA子とB子は仲が良かったのですが，B子のわがままが原因でけんかになり距離を置くようになりました。悩んだB子は，A子との関係をC子に相談しました。C子は，A子に「仲直りしたい」というB子の気持ちを伝えました。A子は，C子に対して「B子が謝ったら許してもいいよ」と言い，C子はB子にそのことを伝えました。

　B子はA子にLINEで謝罪すると，A子は謝罪を受け入れました。C子は，２人のその後が気にかかり，B子に「仲直りできて良かったね。納得しているの？」とLINEで聞きます。B子は，「私，大人だから，謝ってやったわ」と返信しました。C子はA子に，正義感からか，このLINEをスクショして送りました。

　B子はA子にさらに避けられるようになり，そのことを知ったB子はショックから登校しなくなりました。B子はC子に対して「どういうこと！」と怒りのLINEを送りましたが，C子は返信していません。

それぞれの子の保護者からは「うちの子がいじめにあっている。何とかしてくれ」と責められています。管理職に相談すると「いじめととらえられているのなら，いじめとして対応するしかない」と言いますが，いじめの被害者ばかりが３人いる状態です。どう対応したらいいでしょうか。
　内容を図で示していきましょう。

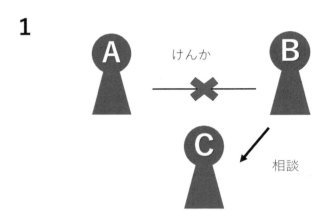

Ａ子とＢ子がけんかをし，Ｂ子がＣ子に相談。

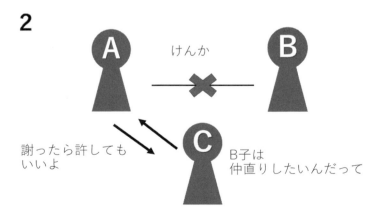

相談を受けたＣ子はＡ子とＢ子の間をとりもつ。

第3章 解決のSTORYを子どもとつくる

3

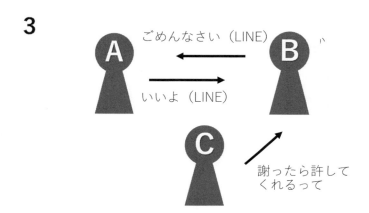

C子はA子の意向をB子に伝え，謝罪させ仲直りをさせる。

4

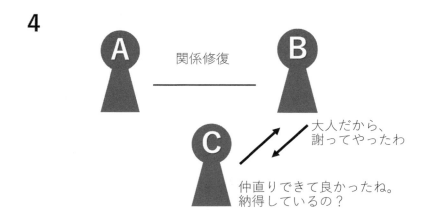

C子がB子の謝罪が納得しているかを確認。

5

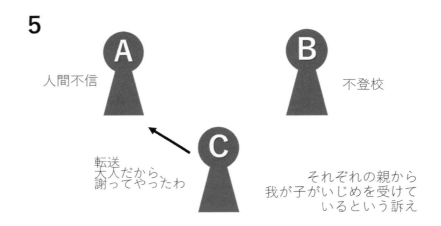

B子の謝罪が不本意なことをA子に伝える。

こういったケースは各地で見られるのではないでしょうか。
　こうなるとA子とB子の関係修復は不可能になります。C子も居場所がなくなります。それぞれが誰も信用できない状態です。そもそもC子が，なぜそんな余計なことをしたのかと傍目には不可解です。しかしC子にはC子なりのB子に対する許せないという思いがあったのでしょう。不誠実な態度の片棒をかつぎたくないからです。

3種類のゴールを考える

　トラブルが起きたときに解決のゴールを一つしか考えられないと打てる手も限られてきます。
　ここでは3種類のゴールを考えてみましょう。

○理想的なゴール
○比較的良いゴール
○最悪のゴール

　理想的なゴールを図示すると次のようになります。

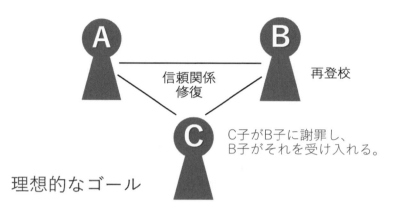

　C子がB子に，勝手にLINEをスクショしてA子に送信したことを謝罪し，B子もそれを受け入れて再登校します。三者の関係も修復されるというものです。あまり現実的ではないようです。

　では最悪のゴールはどのようなものでしょう。

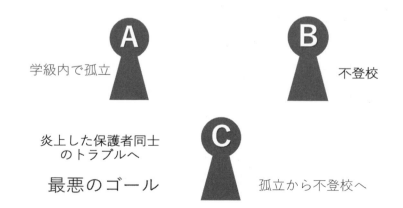

まずスクショを転送されてしまったＢ子は，Ａ子に合わす顔がありません。それで不登校になります。Ｃ子も学級内で孤立し，やがて不登校になります。２人が不登校になると原因はＡ子らしいという噂が学級内で流れます。Ａ子は学級内で孤立します。学級の雰囲気も悪化します。それぞれの保護者も「うちの子は被害者だ。これはいじめだ」とヒートアップし，保護者同士のトラブルへと発展していきます。こうなると解決は非常に困難です。
　では比較的良いゴールはどのようなものでしょう。

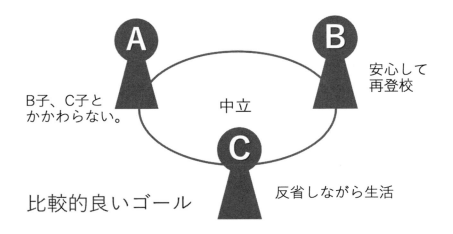

　まず３人が仲良く生活するということは求めず，攻撃はしてはいけないけれど，かかわらなくても良いということにします。互いの存在を意識せず，干渉もせず，なんとかクラスでやっていけるという中立状態です。保護者には，子ども同士の関係はトラブルがあっても，大人と違って修復する場合があることを伝え，そっとしておいてもらうようにお願いします。

　実際には，この比較的良いゴールを目指すのが現実的なように思います。理想的なゴールは，大人にとっての理想的であって，子どもたちの思いはまた別にあるからです。

第3章 解決のSTORYを子どもとつくる

子どもたちの WANT を考える

トラブル発生時点での子どもたちの感情はどのようなものでしょう。

A子・・・怒り・不信

B子・・・不信・絶望・後悔

C子・・・怖れ・不安・後悔

A子は，わがままなB子と距離を置いていたのに，寛大な気持ちで許したところ，裏切られたという形です。

B子は，A子に対して会って釈明をしたいけれど，状況的に許しを請うのは難しそうです。A子に合わせる顔がないでしょう。C子に対しては味方だと思ったのに裏切られたという気持ちでしょう。

C子は，親切で行動していたつもりが，いつの間にかトラブルの当事者になってしまっています。特にB子には合わす顔がないでしょう。

これらのことから3人のWANTは次のようになるでしょう。

A子・・・2人と距離を置きたい。特にB子。

B子・・・2人に会いたくない。学校に行きたくない。

C子・・・2人に会いたくない。特にB子。

3人の気持ちを大切にするのが一番ですが，それだけだと現状に変化は生まれません。そこで比較的良いゴールに到達するために必要なこと，到達したときに感じていることを考えます。すると次のようになります。

A子・・・理解・同情

B子・・・反省・安心

C子・・・反省

A子には，人というのは強がりから心にもないことを口にすることがあるということを理解してもらうことが必要です。さらに言うと，自分の過ちから学校に来ることもできない状況になっているB子に同情してもらうことが

望ましい状態です。
　Ｂ子には，改めてＡ子，Ｃ子に対して反省して謝罪し，それがある程度受け入れられたという安心感が必要です。
　Ｃ子には，良かれと思ってしたことでも，よく考えないと自分も周りも苦しむということを理解し，反省してもらうことです。
　現状からゴールへの気持ちをまとめると次のようになります。

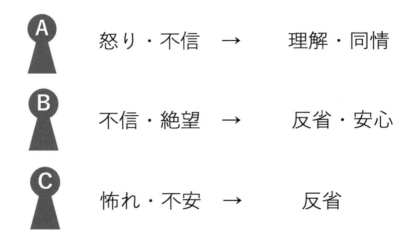

　ゴールの気持ちを引き出すには，教師がそれぞれの生徒にその気持ちを示すことです。これを呼び水理論と呼びましょう。起こしたい変化は先にロールモデルとして示すということです。
　Ａ子に対しては，「つらかったね。かわいそうに」と理解・同情を示します。Ｂ子に対しては，「思っていることを遠慮なく言い合えて安心したよ。これはよくあることだよ。先生も悪かったね」と反省・安心を示します。Ｃ子に対しては，「気づかなかった先生が悪かったね」と反省を示します。
　こういった言葉や態度は，生徒に前向きな変化を起こしやすくします。

選択肢を与えて STORY をつくる

　解決のためには，教師から一方的にこうしなさいと言うのではなく，選択肢を示し，本人に決めさせることが大切です。そうでないと，後々不満が出るなど後を引くことになります。

　この場合の選択肢は大きく分けると「仲直りする」か「今は距離を置く」の２つです。もちろん陰で悪口を言って攻撃するといった選択肢はありません。３人の選択の組み合わせで，方針が決まるわけです。もし「３人とも距離を置く」を選んだ場合，解決につながらないと思うでしょうが，２週間ごとに選択の確認をさせると徐々に変化が生まれてくるかもしれません。

　選択のオプションとしては，謝罪の手紙を書くとか直接会って謝りたいといったものも出るかもしれません。謝りたい気持ちと会っても良いという気持ちで一致すれば謝罪の場を設けても良いでしょう。

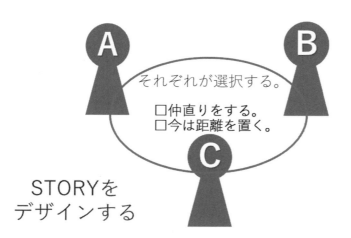

　B子の不登校に関しては，今は登校を控えるということで現状を認めつつ，別室での登校をするといった先のビジョンも示す必要があります。

　中学時代に「友人に裏切られて，ひどい思いをした」という STORY で

はなく，「色々あったけど最終的には笑顔でいられた」という STORY であってほしい。そんな担任の願いは伝える必要があります。

第4章
保護者のWANTに
対応する

消費者としての保護者のWANT

　序章でも述べたように，学校は教育の場から教育サービスを受ける場へと大きく変化しました。このことにより保護者の学校に対するポジションも，大きく転換します。

　以前は教育の場である学校の補助的な役割というポジションです。学校は次のような依頼を家庭にしたものです。

・提出物や忘れ物の管理をお願いします。
・家庭学習に取り組むように声をかけるようにお願いします。

　今は，保護者は子どもと共にサービスを受ける側にいます。もし不都合があればより良いサービスを子どもに代わって学校に求める役割です。不十分なサービスの改善を求めるのは当然のことであり，それは我が子のためだけではなく，ひいては他の子，学校のためでもあるのです。そこにサービス改善を求めることの大義名分が生まれました。

・もっと宿題を出してください。みんな，そう言っています。
・そんなに宿題を出さないでください。みんな，そう言っています。

　それぞれの保護者が違った要求をするのですから，学校は振り回されることになるのは必定です。

　様々な方向性の，ときには怒り交じりの保護者の声があふれると，学校はどうなっていくでしょう。積極的に受け止めよう，ではなく，保護者の声をキャッチする感度が鈍くなっていくのではないでしょうか。

　その中で，真摯に受け止めなければならない声にも，鈍い反応をしてしまうことになっていきます。

　サービスによってつながっている学校と家庭ですが，家庭にとって学校は

打てども響かない,じれったい存在になってしまいます。
　これは役割分担の変更から生まれた状態と言えるでしょう。

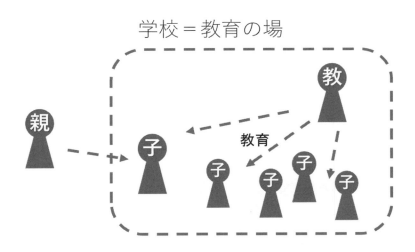

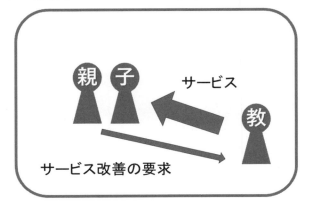

子どもと一体化した保護者の例

　保護者は子どもと一緒にサービスを受ける側であり，その改善を求めることは当然のこと。

　子どもの成長という視点を忘れずに協力し合うのであれば，この考えも否定することはできません。しかし消費者意識が強くなると子どもの成長は見失われ，子どもの感情，さらには保護者の感情に重きが置かれるようになります。その結果，次のような事例が増えてくることでしょう。

　ある日Ａさんの保護者から次のような電話がかかってきました。どのように対応したらよいでしょう。

保：先生！　ウチの娘が先生にいじめられてるって言うんですよ。

担：え。

保：先生がいじめたら変でしょ！　あなたの被害妄想じゃないのって。私は何か勘違いだと思ったんです。

担：はい。

保：それで娘に詳しく話を聞いたら，先生はＢちゃんやＣ君をひいきしていて，授業中には２人ばかり指名するって娘が言っています。それは，いいんですけど，先生は２人が暴言を吐いても注意できないそうですね。

担：いや，そんなことは。

保：ウチの娘が同じように言ったら「そういうのはダメだよ」って放課後注意したそうですね。ウチの娘はショックで次の日「学校に行きたくない」と大騒ぎでしたよ。

担：ああ，そうでしたか。

保：後，この前，ウチの娘がＢちゃんが人の悪口を言っていることを先生に注意してほしくて伝えたら，先生，「人は人。自分は自分」って取り合わなかったそうですね。いじめを放置するんですか？

担：いや，そういうわけでは。

保：それって，ウチの子に対するいじめじゃないですか？　ウチの子の正義
　感を踏みにじって，バカにしたような対応するなんて，おかしいですよ。
　教育委員会に夫の知り合いがいるので，そちらにも伝えました。後ほどそ
　ちらからも話がいくと思います。
担：はあ。

　この事例では，「私は正しい。先生は間違っている。さあ，白黒つけよう」
と保護者は終始，対立の姿勢を崩していません。そして不当な扱いを受けた
ことへの悔しさ，怒りをぶつけようとしています。
　これに対し，強気で喧嘩腰に「私はお宅の娘さんをいじめてなんていませ
んよ。」「色々と勘違いをしているんじゃないですか。」「別に教育委員会でも
どこでも行ってください。」と対応したらどうなるでしょう。ますますヒー
トアップするばかりです。
　それなら反対に弱気で逃げ腰に「私はいじめてなんていませんよ。何か誤
解があるのではないですか。冷静に管理職も交えて話をしましょう。」とし
た方が，まだましかもしれません。その後に話し合いが続く可能性があるか
らです。

　怒りをぶつけてくる相手に対して，冷静に対応するのは難しいものです。
表面的な冷静さは相手に「自分の怒りがわからないのか」とさらにヒートア
ップさせることもあります。
　そこでWANTとSTORYで対応することを心がけてみてはどうでしょう
か。相手は何を要求していて，どんな物語が築かれれば納得するのかという
ことです。

保護者の感情に焦点をあてる

　保護者の WANT を考えるために保護者が，この件で味わったであろう感情をプルチックの感情の輪を参照して振り返ってみましょう。

先生！　ウチの娘が先生にいじめられてるって言うんですよ。

→怒り

先生がいじめたら変でしょ！

→娘に対する攻撃

あなたの被害妄想じゃないのって

→嫌悪

私は何か勘違いだと思ったんです。

→期待

2人が暴言を吐いても注意できないそうですね。

→苛立ち

ウチの娘が同じように言ったら「そういうのはダメだよ」って放課後注意したそうですね。

→悲しみ

ウチの娘はショックで次の日「学校に行きたくない」と大騒ぎでしたよ。

→怒り

Bちゃんが人の悪口を言っていることを先生に注意してほしくて伝えたら，先生，「人は人。自分は自分」って取り合わなかったそうですね。

→驚き

いじめを放置するんですか？

→苛立ち

それって，ウチの子に対するいじめじゃないですか？

→怒り

ウチの子の正義感を踏みにじって，バカにしたような対応するなんて，おかしいですよ。

→激怒

教育委員会に夫の知り合いがいるので，そちらにも伝えました。後ほどそちらからも話がいくと思います。

→攻撃

　怒りにまかせて攻撃しているように見えますが，根底にあるのは娘が軽んじられたという悲しみのようです。

　こうなると娘の問題と片づけることはできません。保護者も実は被害を受けています。それは次の言葉からわかります。

ウチの娘はショックで次の日「学校に行きたくない」と大騒ぎでしたよ。

　この大騒ぎに対して子どもの話に耳を傾け，なだめすかし，ときに叱りつけたのは保護者です。保護者の最大の WANT は「私を困らせないでほしい」ということになります。そして困った量がそのまま怒りの量となり，その原因である学校にそれをぶつけ，事態を変えようとしています。

　しかし，「先生がいじめる」という訴えが事実か事実でないかを話し合っても，保護者が困ったという事実には到達しにくく，納得する解決になりにくくなります。

　保護者がぶつけてくる怒りは悲しみから変化したことが多くあります。逃げまどえば，怒りは増します。むしろ保護者と向かい合い，一歩前に出て受け止めれば，それは怒りではなく悲しみの姿であることもあるのです。

逃げ腰だと怒りをぶつけてくる

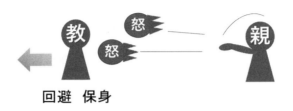

回避　保身

一歩前に出て受け止める

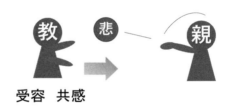

受容　共感

　逃げ腰ではなく，一歩前に出て受け止めてみましょう。あえて感情を受け止める言葉を多用すると，次のような言い方になります。

　学校に通わせていることで**心配**をおかけして申し訳ありません。
　娘さんの訴えを聞くと，先生，大丈夫かしらと**不安**になりますよね。
　しかも娘さんの訴えを全然相手にしていないと聞くと，**悲しく悔しい**思いをしますよね。

この件で娘さんが**寂しい**思いをして**落ち込んで**しまって，学校に行くのもためらっているということですよね。
　本当に**つらい思い**をさせてしまい申し訳ありませんでした。

　事実を正確に受け止めてもらうことだけでなく，WANTに応えてもらうこと，気持ちをわかってもらえることが大切です。
　心配，不安，悲しく悔しい……
　教師の口から出るそれらの言葉は，「そうそう，そうなんですよ」という思いにさせます。

保護者の訴えを聞く

説明の手順

　保護者のWANTを受け止めた後，謝罪→ゴール設定→説明というステップを踏んでいきます。一方的な説明にならないように，発言を促しながら進めます。

○困らせたことの謝罪
　私の対応が悪くて，娘さんに学校に行きたくないって思わせたんですね。

それで娘さんがそれを訴えて大変お困りになったということですね。大変な思いをさせてしまい申し訳ありませんでした。

○話し合いのゴールの確認
　この話し合いでは，学校に行きたくない気持ちで困っている娘さんと，そのことで大変お困りの親御さんと，お二人のお困りの部分を解消するために，一緒に考えていく時間にするということでよろしいですか。

○事実の説明
　説明の範囲ですが，私の対応が悪いのは間違いないのですが，娘さんが誤解している部分もあるかと思うんです。それは私が直接娘さんに話すとして，あらかじめ伝える内容を今，お話してもいいですか。

　説明の後には「何か質問はありますか」「何か思っていたのと違っていた点はありますか」と投げかけ，保護者の思いを十分に語ってもらうことも必要です。

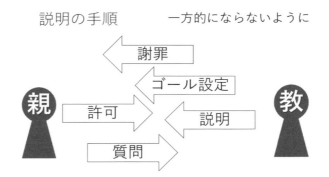

保護者の望む役回りは変えない

　最初に担任に話したとき，保護者は「間違ったことをして我が子を苦しめる担任の行動を正す」という役回りでした。保護者のSTORYの中では正義の騎士ということになります。

　もし，子どもの訴えている内容が事実と全く違ったとします。そうなると保護者の役割は，事実をきちんと確認せずに担任にクレームをつけた人になります。

　こうなると人は耐え難いものです。振り上げた拳が下せないということはよくあることです。

　仮に訴える事実が100％正しいものではなくても，子どもが学校に行きたくないと騒いだ事実はあるのです。その場合，あくまでも正義の騎士というポジションのまま対応することで，話し合いはスムーズにいきます。

　最後は謝罪→感謝→依頼というステップで終えるとよいでしょう。

【謝罪】
　私の対応が十分ではなかったことで，娘さんに学校に行きたくないと思わせちゃったんですね。それで大変苦労をおかけしたんですね。本当にそれは**申し訳ありませんでした。**
　↓
【感謝】
　こうやってお話をしてくださったおかげで，現状を変えるきっかけとなりました。家での様子を教えていただけるとこちらも助かります。**ありがとうございました。**
　↓
【依頼】
　今後も変化がありましたら教えてください。今後も学校と家庭とで連携していきたいと思います。**よろしくお願いします。**

この流れだと保護者の正義の騎士というポジションを変えずにすむことになります。そして玄関先まで見送る際には雑談をしながら，感想や本音に触れるようにしましょう。

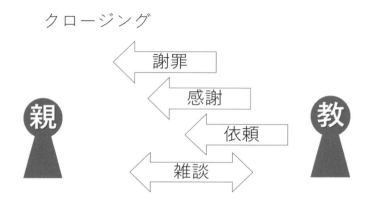

第5章
令和型いじめ対応の勘所

告白して断られて傷ついた，いじめだというケース

　文部科学省によるいじめの定義は次のようなものです。

　いじめとは，「児童生徒に対して，当該児童生徒が在籍する学校に在籍している等当該児童生徒と一定の人的関係のある他の児童生徒が行う心理的又は物理的な影響を与える行為（インターネットを通じて行われるものも含む）であって，当該行為の対象となった児童生徒が心身の苦痛を感じているもの。」とする。なお，起こった場所は学校の内外を問わない。

　定義は変遷しながら，この広いものになりました。「あの子は強いから」「やり返しているから」ということで，いじめとされなかったものが，きちんといじめと定義されたことは重要なことです。

　しかしながら「心身の苦痛を感じているもの」という定義からは，次のようなケースもいじめとして扱わなくてはならないということになります。

　ある日，X君から担任に訴えがありました。

　「先生，ぼくAさんに告白したんですけど，『あなたとつきあう気なんて全くありません』って言われて，すごく傷ついた。きっと他の人にならあんな言い方しないのに。いじめです」

　これを受けてAさんに，「君に断られてすごく傷ついたんだって。言い方に気をつけないといじめになるよ」と指導したとします。

　「先生，でもはっきり言わないとX君は空気を読めないし。わからないんです」と言われたらどうでしょうか。さらにAさんの保護者に「うちの子のやったことの何が悪いんですか。今，社会では告白ハラスメントというのもありますよね。うちの子の方こそ嫌な思いをしているんです。いじめられているのは，うちの子です」

　こうなると収拾がつかなくなります。社会通念上はAさんに指導するのは困難さがあります。しかし，「これはよくあることだから」と放置すると，X君が集団から排除されることも十分に考えられます。あるいはX君がAさ

んにしつこくつきまとうということも考えられます。

　やはり放置ではなく，指導が必要なのです。ただし指導は，フォローという側面が強くなるはずです。実際の指導の例を示しましょう。

Ｘ：先生，ぼくＡさんに告白したんですけど，『あなたとつきあう気なんて全くありません』って言われて，すごく傷ついた。きっと他の人にならあんな言い方しないのに。いじめです。

担：ああ，そうなんだ。どんなふうに告白したか教えてくれる？

Ｘ：（説明する）

担：そうだったんだね。それで断られたんだ。

Ｘ：はい。いじめです。

担：あなたがＡさんのことを好きでいるのは，あなたの自由だよね。

Ｘ：はい。

担：ひょっとするとＡさんも誰か他の人のことが好きかもしれない。誰かを好きになることは誰にも強制できないよね。

Ｘ：はい。

担：だからＡさんに断られても，それは仕方がないことだね。

Ｘ：でも，言い方が。

担：優しく断ってほしかったね，でもその気がないんだったら，はっきり断るのは悪いことじゃないよ。

Ｘ：はい。

担：それは自分でもわかっているんでしょ。

Ｘ：まあ。でもいじめなのかなって。

担：このいじめで先生ができるのは，あなたのつらい気持ちを聞いてあげること。でもね，この件がきっかけで，周りからあなたが「あの人告白したんだって」みたいに言いふらされたら，それは指導が必要ないじめになるから，注意深く見守るからね。

Ｘ：はい。

担：反対に，あなたがどんな行為をしたら，周りから悪く言われそう？

Ｘ：しつこくからんだりしたら。

担：そうだよね。断られたんだから，距離をきちんととることも大切だよ。

Ｘ：はい。

担：Ｘ君のことで何か困ったことはないかな？

Ａ：なんか告白されて困っているんです。

担：そうなんだ。

Ａ：前からしつこく言ってきていて，この前きつく言いました。

担：そうだったんだね。

Ａ：はい。もう嫌で嫌で。

担：断ったのに，まだ言ってきたら先生に教えて。じゃないとＡさんの生活
　が楽しくなくなるもんね。

Ａ：はい。ありがとうございます。

担：反対にＡさんが何か気をつけることってあるかな。

Ａ：みんな知っているけど，あまり言いふらしたりしない方がいいかなって
　思います。

担：そうだよね。言いふらされるとＸ君もつらいよね。

Ａ：そうですね。

担：Ａさんが困ったことがあったらすぐに対応できるように，注意深く見守
　っているからね。

Ａ：はい。

　注意して終わりでもなく，放置するのでもなく，双方に対して，担任がよ
りかかわり続けられる状態をつくることが大切です。

　令和の時代では，こういった事例でも，対応にはいじめという観点が必要
です。

70

賢者からの質問カードで意欲的に考えさせる

　家族みんなでテレビを観る時代からスマホで各自が動画を楽しむ時代になりました。それもお気に入りの場面にスキップするのも当たり前の時代です。つまり今の子どもは興味のないもの，つまらないものに対する耐性が極めて弱いと言えます。そんな子どもに長い説教をしても，ただ苦痛を感じただけということも少なくありません。

　そこで子どもに指導する際に，意欲を持続させることが大切です。あたかもゲームや漫画に出てくる賢者に質問をされている。そんな設定で質問をするために次のようなカードを利用するとどうでしょうか。

質問例
今の気分はどうですか
今，どうなるのが自分にとって最悪ですか
今どうなるのが自分にとってベストですか
何が問題となる行為ですか
それはいつからですか

それはいつまでですか

その行為の何がいけないのですか

そのときの気分はどうですか

誰がうれしい思いをしますか

その行為をしたのはなぜですか

その行為で得たものは何ですか

自分に自信を持てそうですか

誰を困らせていますか

誰が悲しい思いをしますか

その行為で失ったものは何ですか

その行為を続けるとどうなりますか

相手が100％悪いですか

自分を好きになれそうですか

具体的にはどうですか

それはなぜですか

その行為を続けるつもりですか

続けないために必要なことは何ですか

それは不可能ですか

どうすればいいですか

それはできそうですか

力になってくれる人は誰ですか

他の方法は何ですか

やりとげたい気持ちはありますか

自信はありますか

自分自身の課題は何ですか

今回の失敗で学んだことは何ですか

　これを使って話の流れに合わせて１枚ずつ目の前に置いて質問をしていきます。

第5章　令和型いじめ対応の勘所

担：今回の件で先生から色々と質問されてもううんざりしているよね。今日
　　はこの解決カードを使って賢者からの質問に答えてもらいます。いいです
　　か。

子：はあ。

担：「何が問題となる行為ですか」カードを置く。以下同様。

子：○○のこと？

担：賢者に質問しないで，自分の考えを教えて。

子：○○とけんかになって叩いた。

担「そのときの気分はどうですか」

子：腹が立ってた。

担「他にはどうですか」

子：叩いたら，少しすっきりした。

担「その行為をしたのはなぜですか」

子：うるさく言ってくるから，ムカついた。

担「相手が100％悪いですか」

子：いや，自分も悪いです。

担「その行為を続けるつもりですか」

子：続けたくはないけど，ムカつくことを言ってきたらやっちゃう。

担「誰がうれしい思いをしますか」

子：誰もうれしくはないよ。

担「その行為を続けるとどうなりますか」

子：みんなに嫌われる。

担「その行為で得たものは何ですか」

子：プライドとか？

担「その行為で失ったものは何ですか」

子：みんなからの信頼とか。

担「誰が悲しい思いをしますか」

子：自分です。

73

担「誰を困らせていますか」

子：みんな。

担「それはなぜですか」

子：すぐに暴力をふるう人がいたら安心できない。

担「今どうなるのが自分にとって最悪ですか」

子：誰も相手にしてくれなくなること。

担「解決できるのは誰ですか」

子：自分です。

担「自分自身の課題は何ですか」

子：すぐにキレたりしないで，我慢する。やっちゃったら謝る。

担「それは不可能ですか」

子：いや不可能ではない。

担「力になってくれる人は誰ですか」

子：友達。止めてもらうように頼む。

担「自信はありますか」

子：自信はないけど，このままじゃダメだと思うから。

担「自分を好きになれそうですか」

子：それはわからないけど，やらないよりましかな。

担：はい，たくさん考えてくれてありがとう。自分を好きになれたり，自信を持てたりというのは，努力をしていくうちに得られるものだね。でも努力しようとする姿をみんなは認めてくれるよ。

子：はい。

担：では賢者からの最後の質問。「今回の失敗で学んだことは何ですか」

　こうすると先生から責められているという感覚を抱かせずに，意欲的に質問に考えることができます。

74

表情カードで多角的に考えさせる

　授業中に特定の誰かが嫌がるようなことを，嬉々として発言する子どもがいます。その瞬間，言った子は嫌がる子の表情は見ていません。でも黒板の前の先生には言われて嫌な思いをしている子の気持ちがわかります。

　あるいは，そばに当人がいるのに嫌がることを平気で言う子もいます，まるで当人がPCの画面の向こうにいるかのように，相手も見ず，どう感じるかを全く気にしません。

　相手の気持ちを想像するためには，表情を観察することが大切です。でも相手の顔を見るという習慣がなかったり，表情から察することが苦手だったりという子もいます。今回使用する表情カードは，表に表情のみ，裏には表情とセリフが描かれています。

会話例

担：授業中に注意したことだけど，先生が言いたいことは伝わったかな。

子：はい。嫌がることは言うなってことですよね。でも嫌がっているかどうかなんてわからないですよね。

担：授業中，みんなは黒板の方を向いているけど，先生はみんなの方を向いているから表情の変化が見えるんだよね。

子：そうですか。

担：君の発言でAさんはどんな顔をしていたか。わかるかな。

子：わかりません。

担：この中から想像して選んでみて。

子：まあ，喜んではいないですよね。でも笑い声が聞こえたから，喜んでいる人もいたと思います。

担：じゃあ，笑い声がしたときのみんなの表情を教えてあげるね。これだよ。
裏返して「いい気味だなあ」の文字を見せる。

子：えっ。

担：笑っていたけど，なんだか意地悪い表情をしているように見えたよ。心から喜んでいたわけではないよね。こんな顔ではなかったよ。

「うれしいなあ」を見せる。

子：そうですか。

担：周りの人がどうだったのか，わかるかな。

子：気にしていなかったけど，たぶんこれはありますよね。

「嫌だなあ」を差す。

担：そうだね。他にも，こんなのがあったかな。

「困った人だなあ」「悲しいなあ」を見せる。

子：えっ。そんなに。自分，ヤバいやつですね。

担：どうして「困った人だなあ」という顔をしていたか，わかるかな。

子：授業中，関係のないことを言っていたからだと思います。

担：そうだね。じゃあ「悲しいなあ」は。

子：ああ。ひどいこと言ったから。

担：言われた人のことを考えて，その人の気持ちが想像できたんだろうね。

子：そうなんですね。

担：他の人に対してしたことはブーメランのように返ってくるから，周りに嫌な思いをさせていると，君も嫌な思いをすることになるよ。先生が言いたいことをまとめて言ってみて。

子：考えなしで言ったことが嫌な思いをさせて，自分にも返ってくるからや

めなさいってこと。
担：そうだね。よくわかってくれたね。

表情カード一覧　（表情と言葉は裏表で別にしてもよい）

悲しいなあ 	不安だなあ 
恥ずかしいなあ 	悔しいなあ 

尊敬するなあ 	うれしいなあ 
ホッとするなあ 	感動するなあ 

第6章
令和型いじめ予防の勘所

アクセルばかりを教えてブレーキを教えない学校

　自習時間の子どもの様子です。どちらが望ましく感じますか。
・隣の子にすぐに答えを質問する子ども
・わからなくても自力で取り組む子ども
　大人の目には後者の方が望ましい子どもに映るでしょう。では，その問題がその子の実力では解けないものだったらどうでしょう。その子どもが，わからないまま自習時間を終えてしまったとしたらどうでしょう。
　これは極端な例かもしれませんが，学校では往々にしてあることです。学校は助けを求めずに「自力で困難を解決する子ども」を肯定しています。
　もしもアクセルしかない自動車があったとしたら，どうでしょう。止まるのはガス欠か事故を起こしたときでしょう。適切な運転にはブレーキは必要です。ところが学校で教えていることはアクセルの踏み方ばかりで，ブレーキの踏み方を教えていないように感じます。前に進むことを教えるときは，後ろに撤退することもセットで教えなければならないのです。
　学級で何かちょっとした役割決めをする際に，希望者がかぶってしまったとします。そのときに，「じゃあ，私いいです」と言って辞退してくれる子どもがいます。「ああ，そうかい。悪いね」と言って，役割決めは何事もなかったかのように進みます。教師にとっては，いてくれて助かる子どもです。では毎回，その子が辞退ばかりする子どもだったらどうでしょうか。やがて希望を口にすることがなくなるでしょう。自分が辞退したり，発言しなかったりすることで，物事がうまくいくのだという経験を積んでいった先に，SOS が出せるようになるのでしょうか。
　「わからなければ周りの人に聞きなさい」という声かけもあるでしょう。しかし深刻な問題を抱えて，落ち込んでいる子どもは SOS を出すことを「迷惑をかけるからダメだ」と感じやすいのです。それを乗り越えて SOS を出せる子どもにするためには様々なアプローチが必要です。

子どもの WANT にはない SOS を出す自分

　SOS を出せる子どもを育てるために大切なポイントがあります。それは弱い者が SOS を出すのではなく，強い者が SOS を出せるということです。

　自己肯定感が低い子どもは，そもそも SOS が必要な状況になったことで自分を責めます。それはひどくみじめな状態です。そして SOS を出すということは，そのみじめな自分を誰かに知られてしまうということになります。

　これは受け入れがたいことです。自己イメージがさらに低下してしまうからです。

　教室では，様々な場面でちょっとした説話をすることがあるでしょう。次のような話はどうでしょうか。

　修学旅行の自主研修で財布を落とした子どもがいたんだけど，すぐに「どうしよう。助けて」と班の人に言えたから，みんなが移動する前に，探して見つけることができたんだよね。すぐに助けてって言える強い子だったから，良かったよ。気持ちが弱くて言えなかったら，問題がさらに難しくなって，みんなが困るところだったよ。

以前のクラスで，特定の子に嫌がらせをされている子がいたんだ。でもそれは2人だけのときだったので，他の人は誰も気づかなかったんだ。嫌がらせをされていた子は，最初は誰にも言えなくて，「どうしたの。元気ないよ」と班の人に言われても，「なんでもない」って答えていたんだよね。でもこのままじゃだめだと強い気持ちを持って，友達に相談したんだ。すると友達が中心になって解決策を考えてくれたことがあったんだよ。日々の生活の中で困ったことは必ず出てくるよ。強い気持ちで助けてって言えるといいよね。

　ピンチに陥ったけど，強い子だったからSOSを出せて良かったという例を意図的に話せば，SOSを出すのは弱い人間だと思わなくなるでしょう。

SOSを出す状況を受け入れさせる

　SOSが必要な場面になったとき，その状況を受け入れるのは楽しいことではありません。それを受け入れられずに，どうして，こうなったんだと原因を振り返り，過去を悔やむばかりで，一歩も前に踏み出せないということもあります。
　過去にとらわれずにゴールのイメージを持たせることが大切です。

仲間の力で危機を脱した自分といった自己イメージであれば，受け入れにくさは緩和します。

　人間には，自分一人でできることには限界があるんだよ。だからピンチに出会ったら，協力し合うんだよ。助けたり，助けられたりを繰り返しながら生きていく。助けることも助けられることも人間らしさなんだよ。

　そう伝えておくことが大切です。

SOSカードの実践　助けを求める練習

　あらかじめ年度初めにSOSカードを一人3枚ずつ配布します。

　頑張って，この1年間で使い切ってください。先生に直接手渡してもいいし，先生の下駄箱にこっそり入れてもかまいません。人に助けを求めないことが立派なことだと思っている人も多いでしょう。でも，人は一人では生きていけません。これから先の人生で必ず人の助けが必要なときがきます。そのときに，人に頼ったら駄目だと思い込んでいたら困ります。それに助けを出すのが必要だと思っても，いざとなったら助けを求められないかもしれません。だからSOSを出す練習だと考えてください。

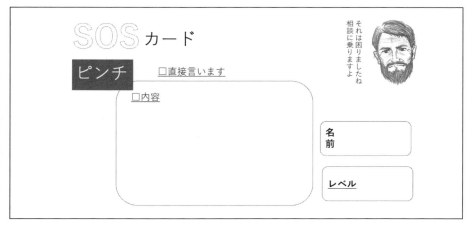

表面

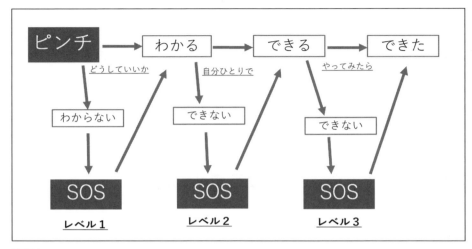

裏面

　SOSは深刻なものになればなるほど出しにくくなります。そしてこのカードを出してきたときに，本当に訴えたい内容は別の事柄の場合もあります。些細な悩みであると思われても，全力で相談に乗ることが大切です。それによって，この先生に言ったらなんとかしてくれるかもという信頼関係が築かれていきます。
　さらに子どもがSOSを出しやすくする方法があります。それは教師が子どもにSOSを出すことです。
　これは困ったぞ。誰か助けてくれないかな。
　こういった働きかけが積み重なると「困ったときは，お互い様」という感覚を養うことができます。

リスク回避から生まれるリスク

　『泳ぐのに，安全でも適切でもありません』というタイトルの江國香織さんの小説があります。このフレーズはアメリカの海岸で見かけた注意書きの看板にあるそうです。見た人の適切な判断を促しています。

　日本に見られるのは「遊泳禁止」の看板です。危険かどうかは，看板を見る人ではなく立てる人が判断しているわけです。

　何かあったら大変だと考え，極端にリスクを排除しようとする姿勢は，学校にも多く見られます。最近見られる「あだ名禁止」の動きもその一つでしょう。いじめにつながる怖れがあるからという理由でのあだ名の禁止に違和感を覚える人も多いでしょう。極論を言えば交通事故につながるから自家用車の利用を禁止するようなものです。

　あだ名には親しさが増すというメリットがあります。嫌なあだ名については，それが適切かどうかをその都度判断すべきものでしょう。それが難しければ年度初めに呼んでもらいたいあだ名を自己申告させるのも手でしょう。

　問題になるから近づくなという姿勢は，近づかないことによる問題を生みます。社会的な経験の不足がいじめを助長する面もあるのです。

　いじめを予防するつもりで，新たないじめの種をまいていないか。これを振り返る必要があります。

ルールとマナーを使い分ける

　「ルールのあるクラス」という言葉を耳にしたとき，子どもたちはどんな印象を持つでしょう。

　「また，先生の説教か」と斜に構える子どももいるかもしれません。ルールには押し付けられるという側面があるので，束縛や制限をより嫌う令和の子どもにとって，不快なものかもしれません（もちろん，ルールがはっきりしている方が安心するという子どももいます）。

では,「マナーの良いクラス」という言葉はどうでしょう。
　教室の中でルールと同じ文脈で使われ,「このクラスはマナーが悪い」と言われ続けていれば, 同じ様に不快に感じるかもしれません。しかし「マナーの良いクラス」と耳にすると安心や心地良さを感じるのではないでしょうか。
　言葉にはイメージがつきものです。その言葉を耳にしたときに快, 不快のどちらを連想するのでしょう。子どものWANTを知っておくことが大切です。

　子どもたちは, ルールという言葉を叱られたり指導されたりする場面で耳にすることが多いでしょう。であるならば, マナーという言葉は, 褒められたり, 承認されたりする場面で使うようにすればどうでしょうか。教室にメリハリが生まれます。
　教師がマナーという言葉を耳にしたときに, 前向きな気持ちになるかもしれません。教師の指導に対して前向きになれるフレーズをつくっておくことが大切なのです。

マナーの良いクラスというイメージを持たせる

　子どもの行動は，自己イメージに左右されます。自分は明るく礼儀正しい人間だと思えば，そのイメージに沿った行動をとりやすくなります。反対に自分は乱暴な人間だと思えば，乱暴な行動が出やすくなります。
　「このクラスはダメだ」と繰り返し注意し，自分たちはダメなクラスだと思い込ませれば，良いクラスにしようという行動をとらなくなります。それでも良いクラスにしようという行動がとれるのは，「こんなはずはない。自分たちは良いクラスだ」と思っている生徒なのです。

　まずは自分たちのクラスはマナーの良いクラスだというイメージを持たせる必要があります。そのためには教師がよく観察しフィードバックしていくことが大切です。

【教室入室時】
　このクラスに入るときに，ちょっとどけてって言ったことがないんだよね。出入りする人に優しいね。マナーの良いクラスだなあ。

【休み時間】

休み時間の様子を見ていると，明るくにぎやかに話しているね。暗い顔をしてひそひそ話をしている人がいないね。きっと，みんな安心して過ごせるね。マナーの良いクラスだなあ。

【授業時間】

誰かが発表して間違えたときに，反射的にくすって笑ってしまうのは仕方がないと思うんだけど，間違えた人のことをからかったり，バカにしたりしないクラスだね。安心して間違えられるクラスは，安心して挑戦できるから，力もつくんだよ。マナーの良いクラスだなあ。

【給食時間】

食べ物の好みは，人それぞれだから舌に合わないときもあるよね。それでもまずい，美味しくないとかを口にしないよね。そう言われたら美味しく食べている人が美味しく食べられなくなるよね。マナーの良いクラスだなあ。

こういった声かけを重ねていくことで，自分たちのクラスはマナーの良いクラスだというイメージができていきます。

では，もしも褒めていることと反対のことを見かけたらどうすればよいでしょう。そこを口に出して指導してしまうとそれはルールになってしまいます。その場合は，相手を見つめて首をかしげるだけでいいのです。行動が是正されれば微笑みかけます。

悪口や暴言が飛び交わない学級をつくろうと思えば，一つ一つ指導するだけでなく，地道な声かけが大切なのです。

自由の相互承認に基づいたルールを

　子どもたちは誰にも縛られずに自由に生きたいという WANT を持っています。しかし，自由を貫き通そうとしても，ルールという壁にぶつかります。

　なんで，そんなルールを守らなければならないの。いらないよ。

　そう言って自由を拒む壁を壊そうとします。このときに「とにかく守りなさい」と理解や納得をさせずに守らせようとすると，子どもは不当なものを押し付けられたように感じます。そして違う場面で他に不当なものを押し付けようとするものです。

　ルールには理解と納得の段階があります。

　理解は，こういう場合や人のために必要としてルールが生まれたとわかることです。納得は，いきさつもわかるし，自分もあると良いと思うことです。

　そのルールは意味がわからないし，必要ないと思うのが，理解も納得もない状態です。それを押し通されると学級が無法状態になります。納得できない子どもも，「そのルールのいきさつはわかる。自分には必要ないと思うけどね」と納得できないけど理解はできるという状態にしなくてはなりません。

　このときに本人の気持ちを尊重し，「あなたは，それを必要とないと思うんだね。それはわかったよ。ただそれを必要とする人がいて，このルールがあるということは理解しているね」と伝えることが大切です。自分自身が尊重されないと，他の人を尊重しようという態度が生まれないからです。

　このときに伝えたいのは自由の相互承認ということです。この自由の相互承認について，哲学者の苫野一徳氏は数多くの著述をしています。

　人は自由を求めても，誰かの自由とぶつかり，結局は叶わないことがあるものです。人が自由であるためには，互いの自由を尊重しなければならないのです。そのことによって自分の自由もまた尊重されます。

　AがBに何かを強要するとき，Aの自由は尊重されても，Bの自由は尊重されていません。自由の相互承認の原理からすると，Aの行動は正しくない

ものになります。こういった感度を養うことによって，いじめの防止につながっていきます。

勉強を教えたことがいじめにつながる時代

やろうとしていた問題の答えを隣の人が言ってしまいました。いじめです。

いえ，親切で教えてあげようとしただけです。

令和の時代では，これすらもいじめとして扱うことが要請されます。

では，どのように対応したらよいのでしょう。

パーソナルスペースという考え方があります。人と話すときに顔を近づけすぎる子どもに指導する際に使うことがあるでしょう。この空間に入られると不快に思うという個人的な空間です。これは物理的距離感だけでなく，精神的な，自分が決定すべき領分にまで他人に入られると不快に思うものです。この境界線を心理的境界線と言います。集団の中では，親切のつもりでこの境界線を侵入する行為もしばしばみられます。

いじめは心理的境界線の侵害を伴う行為です。

思考　行為　感情

これらは個人に属するものです。それに対して

その考え方って変だよね。

そんなの持っているのっておかしいよ。

そのくらいのことで怒るのはおかしいよ。

こういった言動で相手を批判しコントロールしようとするのは，まさにいじめの本質です。

相手が困っているから手を貸してあげるのは，親切。

相手が好きでそれをしているのに手を貸そうとするのは，おせっかい。

場面に応じて区別を考えさせることが大切です。マナー教育は，不快を感じさせないことを主眼としています。これは令和型いじめの予防につながるのです。

90

第7章
学級の荒れから生まれるいじめ

公式のルールと非公式のルール

　学級にある公式なルールやマナーは，教師の「こうあってほしい」という思いから生まれます。しかし教師の「こうあってほしい」という思いと子どもの「こうありたい」という思いは，しばしば衝突します。学級に影響力のある子ども集団が「こうありたい」と強く思うとどうなるでしょう。そこには子どもの「こうありたい」を反映した非公式のルールが生まれ，学級は不安定になります。

　公式のルールの必要性を子どもたちが理解，納得し，積極的に守ろうとすれば，学級は安定します。

公式のルール　　　　非公式のルール
　教師の　　　　　　　　　　　　子どもの
こうあってほしい　　　　　　　こうありたい

安定した学級

教師と子どもの思いの一致

　現在，ルールメイキングの動きが広がっています。子どもが主体となって，教師，保護者らと話し合い，ルールを見直していくという動きです。子どもの願いが反映され，納得できるルールであれば，守ろうとする意欲も強くなります。いじめに最も遠くなる学級です。

　それに対し，子どもの思いや願いが反映されないルールを守っている状態だとどうでしょう。

一見，安定していても，その息苦しさや不満は蓄積されていきます。すると教師の目の届かないところで，陰湿ないじめが起きるようになっていきます。

やがて公式のルールより非公式のルールが力を持つようになっていきます。

公式のルール 　　　　　　　　　非公式のルール
教師の　　　　　　　　　　　　　　子どもの
こうあってほしい　　　<　　　　こうありたい

荒れた学級

無法地帯、攻撃に対する不安

こうなるといじめ対応も機能しにくくなります。そもそも頻発する生徒指導事案に追われるようになるからです。それに対し力で抑え込もうとして，さらに悪循環に陥ることに注意しなくてはなりません。

公式のルール＜非公式のルール状態での指導

こうありたいという子どもの WANT から生まれる非公式なルールは大きな力を持っています。大多数が支持すると，学級の荒れは加速し，いじめが生まれやすい風土をつくります。

そんな状態で「一人でもいじめを見かけたら勇気を出して止めなさい」と教師が言えばどうなるでしょう。正義感の強い子は，「やめろよ」と止める

かもしれません。しかし，それは非公式なルールに背いた者とみなされ，仲間外れになるリスクがあります。教師がそれを口にするのは，言えばいじめがなくなると思っているのでしょうか。

「勇気を出して一人でもいじめを止めよう」と荒れたクラスで言うのは，「荒れる海に一人でも飛び込もう」と同義になるのです。

NG

勇気を出して一人でもいじめを止めよう
＝荒れる海に一人で飛び込もう

非公式のルールが力を持つようになると，年度初めには平穏に見えた学級も，少しずつ荒れが進行していきます。

人間関係のチェックポイント

掲示物などの教室環境で学級の荒れを感じることがあるかもしれません。しかし目に見える形での発見では後手に回ってしまいます。そこで人間関係の中で荒れの芽を発見する，特に荒れが顕在化する２学期後半のチェックポイントについて述べましょう。

7章　学級の荒れから生まれるいじめ

○しきりに教師に話しかけてくる子どもが，他の子から孤立していないか

　子どもにとって教室は，不安や負担に出会う場所です。多くの子どもは心配事を聞いてもらったり，苦手なことを手伝ってもらったりしながら，それを乗り越えようとします。他の子どもとのつながりによって，不安と負担を緩和するわけです。

　しかし，そのつながりはメリットばかりではありません。他の子の目を過剰に意識したり，声に振り回されてしまったりということもあります。2学期後半では，そんなことに疲れ，人間関係から離脱する生徒も現れます。1学期よりも深刻かもしれません。

　対応としては，一人でいることを保障してあげることが大切です。一人で読書をしていることや何もせずにぼうっとしていることを認めた上で，「ちょっとだけ，一緒にしてみない？」と無理強いせずに集団に加わることを誘うといった，ゆるやかに声をかけていくことが大切です。

　問題は本人が周囲から拒否，拒絶されて一人でいる場合です。何度かこういう場面を経験すると自分から集団に入ろうとする意欲はそがれていきます。

　結果的に，自ら望んで一人でいるのか，そうでないのかの見分けがつかないことになります。

　教師と楽しく会話ができることは好ましいことです。しかし社交的な子どもなのに教師以外との関わりが薄い場合は，周囲から疎まれ人間関係の輪から外されている可能性があります。

　いつも教師に親しげに近づいている子どもは，教師がそばにいないときに，誰のそばにいるのかを意識する必要があります。

○教室の笑い声のトーンやあだ名は変化していないか

　教室で人間関係のトラブルがあった場合，子どもは教師に隠そうとするものです。生徒がとっさに何かを隠そうとすれば不自然な態度になります。

　「あのときの態度は変だったなあ。あ，そうか。誰かをかばおうとしていたんだ」そう感じることも教員生活ではあったことでしょう。

95

しかし2学期ともなれば，子どもは教師の行動パターンや考え方を熟知しています。隠すことも容易になります。隠し方も巧妙になります。

隠そうとするものは，探そうとしないと見えないものです。

図1を見てください。教室の楽しそうな一コマです。

「渡辺君の番だよ」という言葉で周囲から笑い声が起きています。

渡辺君に対して，ふざけて何かをやらせようとしています。しかし拒否されれば，それでおしまいになりそうな雰囲気です。

では図2はどうでしょうか。

7章　学級の荒れから生まれるいじめ

　困った顔をする子どもと周囲で笑っている子どもたちの姿があります。
　たまたま通りがかった教師の目には，図1と大差のないように見えます。
　しかし，やらせようとすることを渡辺君が断っても，強制的にやらせようという雰囲気があります。言葉遣いも対等な相手に対する言い方ではありません。これは，見るだけでなく，より注意深く耳を傾けないと違いがわからないものです。しかし，そんなに簡単なものではありません。実際には図3のようになるかもしれません。

　丁寧な口調で強制しつつ，強い言葉は教師の耳には聞こえないように言っています。
　通りがかった教師の目には，「ああ，いつものようにふざけているんだな」としか映らないはずです。ここに2学期の荒れの本質があります。子どもの問題だけではなく，教師の慣れや油断が事態を大きくさせているのです。
　図2のような場面から問題を発見するには，子ども同士の呼び方やあだ名に注意深くなることが重要です。しかし図3のような場合では，周囲の雰囲気，笑い声のトーンといったものが重要になってきます。
　笑い声も健康的なものとそうでないものは同じではないはずです。この場合では，圧力をかけるような笑い声であったり，憐みを含んだものとなるでしょう。この後，何かやりたくないことを強制的にさせた後に出る笑い声は，

ギャーという悲鳴が混じったような笑い声になるかもしれません。

　子どもが遊んでいる場面であっても，何を楽しんでいるのかと耳を澄ますことが大切になります。

○前向きな言動に対して冷やかす子どもが増えていないか

　２学期の荒れの根底にあるのは，前向きな気持ちになることをあきらめている気持ちです。

　厄介なことに，自分が前向きであることをあきらめるだけではなく，前向きな気持ちでいる人の足を引っ張ったり，邪魔をしたりといったこともよくみられることです。

　きちんとやっている子に「真面目かよ」「合唱とか本当に歌う人いるの」といった発言で水を差す状態です。

　これはその発言をする子ども一人の問題ではありません。

　学校には
「真面目に取り組む」
「合唱はきちんと歌う」
といった不文律のルールがあるのです。
それに対して，水を差す発言を許容すると
「真面目ではなく，ほどほどにしておく」
「合唱は適当に歌う」

といった非公式のルールがつくられてしまうのです。

　そうなると非公式のルールを守らせるために「真面目かよ」といった発言が増えてきます。そうしないと真面目にやらない子どもが目立って注意されてしまうからです。

　ここに図４から図５へのようなルールの反転が起きてきます。

98

7章　学級の荒れから生まれるいじめ

こうなった場合，公式ルールを徹底させようと頑張っても空回りします。
「レジで並んでいたら横入りされてみんな迷惑していたんだよね」といった話をすることで，公式ルールを守らないとダメだよなという空気を醸成するところから始めていく必要があります。

○話し合い活動の際に極度に停滞していないか

　新年度当初からクラスでは様々な形で，話し合い活動が行われてきたことでしょう。2学期ともなれば，スムーズに行われるはずです。

　ところが指示をしても何もせず黙っているといった場面を目にすることもあります。自分から進んでやれないし，うまくやれる自信がない場合もあります。話し合いを拒否している場合もあります。相手に拒否される前に拒否をしている場合もあります。

　こういった場合は，後で次のように声をかけるとどうでしょうか。

　さっきは話し合い活動がうまくいっていなかったように見えたんだけど，たとえば，話し合いの上手な〇〇さんが相手だったらどうだったのかな？

　こう聞いて，〇〇さんなら，やっていたと答えたら，話し合いの相手との関係性に問題があるのかもしれません。〇〇さんでもやれない場合は，話し合いの課題か自分自身に何か問題があったということになります。

　また立ち歩いて自由にペアをつくってくださいといった指示に，慌てて相手を見つけ囲い込むような場合も，避けたい相手がいる可能性があります。

　話し合い活動では，否が応でも向かい合わなければならないので，問題が浮かび上がることも多くなります。

○特定の言葉に反応していないか

　人間関係をチェックするためには，観察するだけでは十分とは言えません。ときには言葉を投げかけて反応を見るといったことも大切です。

　「学校生活って，大変だよね。難しい勉強もあるし，苦手なこともやらなければいけないし，ひょっとするとクラスの中に顔を合わせるのもつらいって思う人もいるかもしれないよね。そんなとき，一人で抱えないで助けを求

めることが大切なんだけど，それがなかなか難しいんだよね。だから助けを求める練習をするのも大切なことだよね。では早速，隣の人に『今，困っていることないの』って聞いてみましょう。」

　実際に声をかけさせ，その後次のような声かけもさせます。

「じゃあ，こうやって聞いてみてね。」
「勉強は易しすぎて困っていないの？」
「給食は足りてるの？」
「友達関係はどちらかと言えば，満足，それとも不満？」

　こういったやりとりをさせながら，しっかりと耳を澄ませ，表情を観察していくのも一つの方法です。

　また教師が口にした何気ない言葉に，予想外の反応をすることもあります。その場合，その言葉が特定の人間を想起させるなど別の意味を持つ可能性があります。仲間内でしか通用しない言葉が飛び交っていないか，敏感になる必要があります。

第8章
令和の子どもたちに伝えたいこと

長い話を聞けない子どもたち

　昭和の夕食風景というと，家族が集まり食事をし，その後テレビを全員で見るといった姿が思い浮かびます。昭和は興味のないことにもつきあうことによって，面白さを発見する。そんなことが可能だった時代かもしれません。
　令和の時代は，家族がそれぞれの都合のつく時間帯に食事をし，スマホなどで自分の好きな世界を楽しむ。そういったイメージでしょうか。興味のあることでも，動画を早送りをしたり，再生速度を上げたりといった風潮もあります。
　こういったことから子どもたちは，興味のない長い話，退屈な話を聞くという耐性が十分に育っていません。
　話す際には次のことを意識する必要があります。
　□子どもたちが聞きたいと思えるものであるか。
　□短い時間で話せるか。
　□結論がはっきりして，考えることがはっきりしているか。

いじめとは境界線の侵入

　いじめは，された側が「嫌だ。いじめだ」と思えばいじめになります。この定義は子どもにとっては，極めてわかりにくいものになります。日々の生活の中で「嫌だ」と思う経験を多くしているからです。
　そこで次のような伝え方をしてみてはいかがでしょうか。

　人は，それぞれ自分の人生を持っています。自分の人生を生きているのは自分自身です。どんな生き方をするのか決めるのも自分自身です。
　世界にはたくさんの国があって，それぞれの領土やルールを持っています。国と国の間には境界線があります。
　同じように人と人との間には境界線があります。それを勝手に侵入するこ

とはいけません。「これを寄こせ」といって，物をとれば侵略行為ですね。「こうしろよ」と強要することも，境界線を侵入していることになります。では無視することはどうでしょうか。無視というのは，人間を空気のように扱っていることになります。人間を人間でないもののように扱って，嫌な思いをさせるという行為も，境界線を侵入していることになります。

　知らず知らずのうちに境界線を侵入していることもあるでしょう。それを指摘されたり，気づいたりしたら，すぐにやめる必要があります。お互いを大切にして生活できるといいですね。

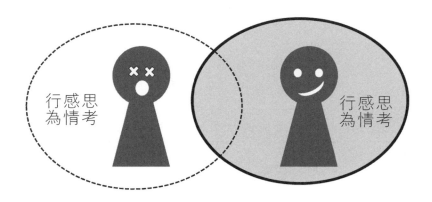

境界線の侵入がいじめの本質

「相手がいじめだと思ったらいじめだ」という教え方だけでなく，このような「境界線を侵入したらいじめになるよ」という教え方も必要です。

前にやられたから，仕返しだという子どもたちに

　いじめの被害者，加害者の立場が入れ替わるのはよくあることです。
　その際に，前にやられたから，仕返しだと行為を正当化する子どももいます，そこには，その子なりの正しさがあります。
　次のような話を紹介し，自分の行為を振り返らせると効果的です。

　これは遠足のときの話です。

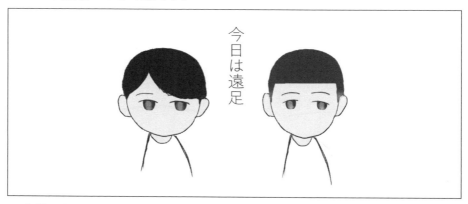

突然，男の子が，もう一方の男の子をなぐりました。

第8章　令和の子どもたちに伝えたいこと

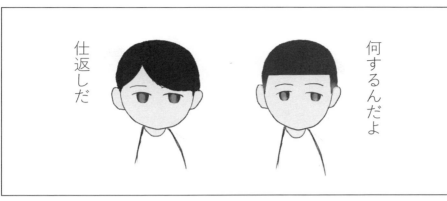

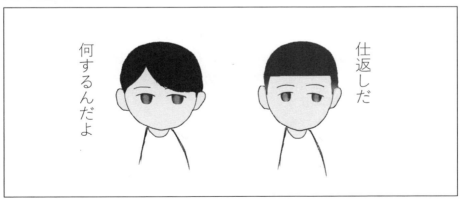

この後どうなるでしょう。

　この２人の争いがいつまでも続くのは，２人とも「やられたからやり返してもいい」と考えているからです。同じレベルなのです。
　この２人の争いは，どちらかが「もう，こんなことを続けるのは嫌だ」と思うまで続きます。争いが続く間に，他の人たちはどんどん先に行ってしまい，取り残されてしまいます。
　この話からどんなことを感じましたか？

被害者にも原因があるという子どもたちに

　いじめは，加害者の誰かを攻撃したいという思いから始まります。そして

何か口実をつけ，正当化しながらいじめを行います。どんなにいじめはする側が悪いと教えられても，心の底では被害者も悪いといった考えは捨てにくいものです。

　次のような語りが必要になります。

　あなたが家の戸締りを忘れて出かけ，空き巣が入ったとします。空き巣が入った原因は，あなたでしょうか。

　あなたが街を歩いていて，戸締りをしていない家を見つけたとします。空き巣に入るのでしょうか。

　泥棒は犯罪ですから，たとえ鍵をかけ忘れていたとしても，悪いのは盗みに入った人です。でも警察に捕まった人は，「盗むつもりはなかったのに，鍵が開いていたから」と弁解するそうです。

　子どもが万引きして，店に呼び出された親が「こんな不用心な商品の陳列をしている店が悪い」と言うこともあるそうです。

　これらの考えを責任転嫁と言います。本来悪い人の責任を別の人のせいにしてうやむやにしています。

　社会には事件があったときに被害者を責める声も上がります。もちろん用心や注意は必要でしょうが，悪いのは加害者です。

　いじめがあったときに，被害者を責める気持ちになることもあるかもしれません。でも何が正しくて，何が正しくないかを誤魔化してはいけないのです。

多様性は認めるけれどかかわらないという子どもたちに

　違いを口実に攻撃をするというのは，いじめでよくみられることです。接していて不快になる違いは，攻撃を誘発する面はあるでしょう，

　しかし，多様性が叫ばれる世の中で，不快を生じさせる違いに対して，子どもたちは真っ向から攻撃するのではなく，かかわらないという反応を示す

109

ことが多くなっています。攻撃ではなく回避というパターンです。こうなると直接的なトラブルは減るかもしれませんが，集団に入れない，入らない子どもたちは増えていきます。そんな子どもたちにどう接していけば良いのでしょうか。語りの例を示します。

　皆さんは，ケンタッキー・フライド・チキンを食べたことがありますか。きっと創業者のカーネル・サンダースの顔も知っていることでしょう。店頭の人形になっていたり，包装紙に使われていたりしていますね。世界中に愛されているあの味は，カーネル・サンダースが考案したオリジナルのレシピがもとになっています。ノウハウを教えるかわりに，売り上げに応じた手数料をもらう商売をフランチャイズ方式と言います。
　70歳近くになってカーネル・サンダースは，レシピをもって店を回り，実際に試食してもらい，フランチャイズ契約をしようとしました。ところが出会う人にことごとく「NO」と言われたのです。
　カーネル・サンダースは何度断られたでしょうか？
　正解は1009件と言われています。1010件目で契約がとれたそうです。このエピソードはカーネル・サンダースの情熱を物語るものとしてよく知られています。でも，このエピソードは，1010件目に出会った人がカーネル・サンダースのレシピの素晴らしさがわかる人だったということですよね。やっと出会えた，その出会いはカーネル・サンダースの人生を大きく変えました。私たちの人生も，いつか誰かに出会うことで大きく変わるかもしれません。せっかく会えた人たちも，これから出会う人たちも，大切にしていけたらいいですね　　　　　（初出　『授業力＆学級経営力』2024年5月号，明治図書）

　自分と似たような人とばかりつきあっても，得られるものは減っていきます。せっかく出会ったクラスだから，違いに躊躇せずかかわっていけたらいいですね。
　そう伝えることが大切です。

第8章　令和の子どもたちに伝えたいこと

命を軽視する子どもたちに

　身近な人の死。

　情報として入ってくる誰かの死。

　同じ死であっても，そこには違いがあります。令和の時代の子どもたちが触れるのは，圧倒的に情報としての誰かの死です。その中で暮らしていると命を軽視してしまうのは仕方のないことなのかもしれません。

　命の大切さは繰り返し伝えていく必要があります。語りの例を紹介します。

　日本人に人気のある花と聞くと何を思い浮かべますか。そう桜です。桜は咲いているときも，散っているときも，しみじみするような美しさがあり，日本人は桜を大切にしてきました。

　いつか必ず散ってしまう。終りがあるからこそ，咲いている瞬間を大切にしようと思うもの。いつか必ず終わりがくること，それは桜だけでなく，全ての命の宿命です。

　昔のヨーロッパでは「メメントモリ」という言葉が大切にされました。この「メメントモリ」とは「死を思え」という意味です。そして，その言葉の入った骸骨の置物や絵を部屋に飾る人が多くいたそうです。なんて不吉で縁起の悪いものを飾るんだと思うかもしれませんね。

　これは，いつか必ず訪れる死を忘れないようにするためです。死を意識しながら暮らすなんてと思うかもしれませんが，それによって，人は毎日の時間を大切にしようとか，死後も残るものを残そうとか，他の人のために生きようといった思いになれるのかもしれません。

　生きていると死にたいと思うこともあるかもしれません。思わず誰かに死ねと言ってしまうこともあるかもしれません。でもわざわざそんなことを思わなくても，全ての命には必ず終わりが来ます。それがいつかはわかりません。だから生きている瞬間は大切にしたいものです。

（初出　『授業力＆学級経営力』2024年5月号，明治図書）

111

第9章
令和型いじめ予防授業

遊んでいただけ

　いじめを指導する場面でよく耳にする言葉があります。それは「いじめじゃない。遊んでいただけ」というものです。いじめを予防するためには，様々な角度からの予防授業が求められます。中でも「遊んでいただけ」という言い訳をあらかじめできないようにしておくことは必須と言えます。

　以下，この章ではパワーポイントの画面の形式で授業を紹介します。

ぼくは小学5年生

クラスの子があだ名をつけられた

理由はわからないけどサルオ

ぼくもサルオって呼んだ

楽しかった

そのあだ名やめてよ

あるときサルオは言った

はぁ！？　みんなも言っているのに

なんでぼくにだけ言うの！

サルオは悲しそうな顔をした

悲しいのはこっちのほうだ

遊んでいただけなのに

休み時間　たいくつだった

第9章　令和型いじめ予防授業

クラスの子が
はい、サルモネラって笑いながら
タッチしてきた

つけられたらサルになるよ
と他の子

ぼくはあわてて
さわられたところを自分でさわって
他の子につけにいった

おいかけっこみたいになって
たのしかった

第9章 令和型いじめ予防授業

ほうかご
先生にみんな呼ばれて叱られた

ぼくは先生に言い返した

ぼくはやられたからやりかえしただけです。
でももっと叱られた

第9章 令和型いじめ予防授業

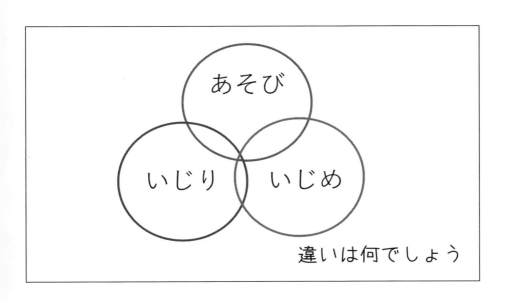

123

あそび	その人のことが好き。一緒に楽しみたい。
いじり	どちらかと言えば，その人のことが好き。かまって楽しみたい。
いじめ	どちらかと言えば，その人のことが嫌い。自分だけ楽しみたい。

いじめかどうかは、される側が決めること

様々なハラスメントと同じ

第9章　令和型いじめ予防授業

動画視聴

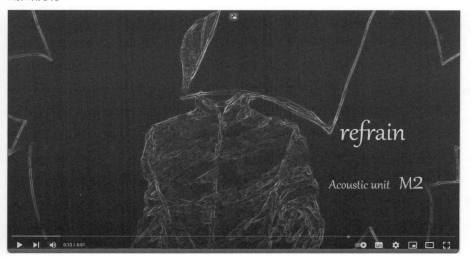

動画
「refrain」acoustic unit M2
詞・曲　横井康佑
アコースティックユニット M2（エムツー）
北海道，十勝，帯広を拠点に音楽活動を展開する2人組。
横井康佑（Vo & Gt）と Yuri（Per）が，音楽によってできるつながりを大切にしながらオリジナル曲による演奏活動を行っている。

ワークシート「遊んでいただけ」

名前＿＿＿＿＿＿＿＿

⇒ ＿＿＿＿＿＿＿＿＿＿＿＿＿＿＿＿＿＿＿

⇒ ＿＿＿＿＿＿＿＿＿＿＿＿＿＿＿＿

あそび ＿＿＿＿＿＿＿＿＿＿＿＿＿＿＿＿＿＿

いじり ＿＿＿＿＿＿＿＿＿＿＿＿＿＿＿＿＿＿

いじめ ＿＿＿＿＿＿＿＿＿＿＿＿＿＿＿＿＿＿

○感想（授業で気づいたこと，感じたこと）

これでいいの？

　いじめは何があってもいけないことだ。
　この考えを子どもたちに定着させるために，これまでも様々な授業があったことでしょう。「自分に対するいじめは何があってもいけないこと」と思いながらも「自分以外に対するいじめ」はどこか許容しているかもしれません。自分以外に対するいじめを許容することは，自分がいじめられることを許容することにつながります。現状に対する認識をゆさぶるために「これでいいの？」という授業をパワーポイントの画面の形式で紹介します。

第9章　令和型いじめ予防授業

> 次の3つのうち、
> いくつあてはまりますか？
>
> 自分に自信がない
> 仲間外れにされたくない
> 親しくない人とはかかわりたくない

この後登場する人物を他人事としてとらえないために問いかけます。

自分に自信の持てないA君

どうせ自分なんて

129

自信のなさが自分以下を探そうとする気持ちにつながります。

自分は他の人よりすごい存在だと思われたい。そんな願いが見てとれます。

第9章　令和型いじめ予防授業

適度な自信の必要性を感じさせます。

第9章 令和型いじめ予防授業

仲間外れにされてからかわれました

Bさんはどんな気持ちでしょうか。
Bさんはこんな解決方法を選びます。

仲間外れをする側になればいいんだ！

Bさんはどうすればよかったのでしょう

自分を守るために人を攻撃するという行為の是非について考えさせます。

人はそれぞれ違って当たり前と考えるC君

第9章　令和型いじめ予防授業

違いを理由に人を責めたりは決してしません

気の合わない人とは決してかかわりません

平和に暮らしたいという願いで失ってしまうことがあることに気づかせます。

第9章 令和型いじめ予防授業

C君はどうすれば
よかったのでしょう。

この3人とあなたに共通していることは何でしょう？

具体的な要望を考えさせます。

　勇気を持って一歩を踏み出せる学級には，悪口や冷やかし，からかいはないことを気づかせます。

第9章　令和型いじめ予防授業

　先生に望むこと，クラスに望むことが，全て自分自身に返ってくることに気づかせます。

ワークシート「これでいいの？」

名前＿＿＿＿＿＿＿＿＿

⇨ ＿＿＿＿＿＿＿＿＿＿＿＿＿＿＿＿

⇨ ＿＿＿＿＿＿＿＿＿＿＿＿＿＿＿＿

⇨ ＿＿＿＿＿＿＿＿＿＿＿＿＿＿＿＿

とあなたに（　　　　）している
ことは何でしょう。

（　　　　）に望むこと

（　　　　）に望むこと

（　　　　）に望むこと

〇感想（授業で気づいたこと，感じたこと）

第9章　令和型いじめ予防授業

僕は悪くない！

僕は悪くない！

A君

Bさん

A君の言い分

隣の席のBさんの机に使い込んだ筆入れがある。
　古くなって色がはげている。
「新しいのに替えないの？」
　座っているBさんに、なにげなく口にした。
　別の友達が
「本当だ。もうボロボロだな。」
　他の友達が思わず吹き出した。
　つられて僕も笑った。

　次の日先生に呼ばれて怒られた。
「人の持ち物をバカにするんじゃない。」
「バカにしていません。」
「みんなで笑ったんだろう。」
「笑ったけどバカにしていません。」
「そんな言い訳が通用すると思うのか。」

　納得できない。本当のことを言っただけなのに。

第9章　令和型いじめ予防授業

　僕はBさんに抗議した。
「新しいのに替えないのって聞いただけなのに、どうして先生に怒られなきゃならないの。」

　困ったような顔をしたBさんに僕はつめよった。
「あやまってよ。」
「ごめん」
　うなだれるBさん。
　でもなんだか気分が悪い。
　僕が悪いわけじゃない！

Bさんの言い分

143

筆入れが古くなって色がはげている。
　おばあちゃんに買ってもらった大切なもの。
　これで一生懸命勉強するんだよと買ってくれた。
　そのあとおばあちゃんは病気で亡くなった。
　あれから筆入れは古くなった。
　でも、おばあちゃんのことを忘れたくない。
　だから、こわれるまで使うつもりだ。

　でもショックなことがあった。
「新しいのに替えないの」
「ボロボロだ」
　友達の言葉に頭の中が真っ白になった。

「何かあったのかい。元気がないよ」
　帰り際に先生が聞いてくれた。
「筆入れをボロボロだって笑われたんです」
「それはダメだな。注意しておくからな」
　先生やさしく言ってくれた。

　よかった。あんな思い二度としたくない

　でも次の日、文句を言われた。ごめんと言わされた。
　おばあちゃん。ごめんね。
　わたしは筆入れを持っていくのをやめた。
　でも筆入れはボロボロじゃない！

第9章 令和型いじめ予防授業

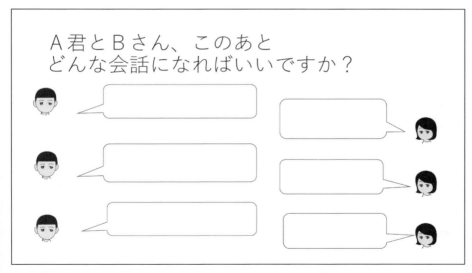

　最後はBさんの「ありがとう。わかってくれて，考えてくれて」というセリフで終わるようにします。

ワークシート「僕は悪くない！」

名前＿＿＿＿＿＿＿＿＿

⇨ _____

⇨ _____

ありがとう。わかってくれて，考えてくれて。

146

おわりに

あれ，おかしい。これまでの指導が通じない。

令和になって，そんな教師の声を耳にすることが増えました。令和の子どもたちと学校文化のミスマッチは，大きくなる一方です。それはいじめや不登校，教員不足にまでつながっているように感じます。

教室はアップデートする必要があります。本書はアップデートのため，以下の論点について述べています。

〇いじめを解決に導くための道筋
〇難易度の高いトラブルへの対処法
〇いじめや学級の荒れを予防するための日々の取り組み

指導には「やり方」と「在り方」の２つが必要です。

指導の方法論は，時間とお金をかければ手に入れることができます。しかし，それだけでは十分とは言えません。

指導が効果を生むには，教師としての在り方，子どもにとってどんな存在であるかが問われるのです。教師としての在り方を一段上のものにするためには，志を持って，日々努力や工夫を重ねる必要があります。

いじめは，子どもの命に直結する問題であり，教師は子どもにとって最後の砦です。本書が子どもを守りたいという思いに届くことを願っています。

2025年３月　　　いい日になれ／いとたい　を聴きながら　　　千葉　孝司

【著者紹介】

千葉　孝司（ちば　こうじ）
1970年，北海道生まれ。元公立中学校教諭。ピンクシャツデーとかち発起人代表。いじめ防止や不登校に関する啓発活動に取り組み，カナダ発のいじめ防止運動ピンクシャツデーの普及にも努めている。

〔メディア出演〕
テレビ番組　NHK　Eテレ「いじめをノックアウトスペシャル11」2018年
ラジオ番組　FM-JAGA「きっと大丈夫〜ピンクシャツデーとかちRADIO」2018年，2019年

〔著書〕
『不登校指導入門』（明治図書，2014年）
『WHYとHOWでよくわかる！　いじめ　困った時の指導法40』（明治図書，2019年）
『WHYとHOWでよくわかる！　不登校　困った時の対応術40』（明治図書，2019年）
『マンガで解説　いじめと戦う！プロの対応術』（小学館，2022年）
『令和型不登校対応マップ　ゼロからわかる予防と支援ガイド』（明治図書，2024年）
絵本『空気マン』（絵：廣木旺我）（なごみすと，2018年）他

令和型いじめ解決マップ
ゼロからわかる予防と対応ガイド

2025年4月初版第1刷刊	Ⓒ著　者	千　葉　孝　司
	発行者	藤　原　光　政
	発行所	明治図書出版株式会社

http://www.meijitosho.co.jp
（企画）及川　誠（校正）安日皓哉・川上　萌
〒114-0023　東京都北区滝野川7-46-1
振替00160-5-151318　電話03(5907)6703
ご注文窓口　電話03(5907)6668

＊検印省略　　　　組版所　中　央　美　版

本書の無断コピーは，著作権・出版権にふれます。ご注意ください。

Printed in Japan　　　　　　　ISBN978-4-18-241221-9
JASRAC 出 2409093-401

もれなくクーポンがもらえる！読者アンケートはこちらから
→

教師と保護者ための
子どもの学び×ＡＩ入門

福原 将之 著

子どもたちが将来ＡＩ格差に陥ることなく幸せに生きるために，私たちが今出来ることとは？教育における生成ＡＩの基礎基本と活用ポイントをまとめたトリセツに加え，最新の教育活用事例を取材をもとに詳しく解説します。ＡＩ時代の教師と保護者にとって必携の一冊です。

Ａ５判 160 ページ／定価 2,046 円(10% 税込)
図書番号 3141

令和型不登校対応マップ
ゼロからわかる予防と支援ガイド

千葉 孝司 著

近年また増加傾向にあると言われる不登校。コロナ禍やＳＮＳの影響など，不登校の原因も社会情勢や環境の変化により多様化してきています。正解がない令和ならではの不登校対応について，教師と子どもの場面別の会話例も入れて解説しました。明日の道標となる１冊です。

Ａ５判 144 ページ／定価 2,046 円(10% 税込)
図書番号 2411

『学び合い』
誰一人見捨てない教育論

西川 純 著

「一人も見捨てない」教育は，『学び合い』でどのように実現出来るのか。その基礎基本からつまずくポイント，読者からの疑問に応えるＱ＆Ａから『学び合い』の応用法，活かし方までを１冊にまとめました。個別最適な学びを目指すこれからの教育に必携の書です。

Ａ５判 176 ページ／定価 2,266 円(10% 税込)
図書番号 2634

苦手でもできる！
ＩＣＴ＆ＡＩ活用超入門
個別最適な授業づくりから仕事術まで

朝倉 一民 著

ＩＣＴやＡＩって言われても…という先生も必見！授業での子どものやる気向上と校務の効率化を実現する！！ＣＴ＆ＡＩ活用はじめの一歩。個別最適な学びを目指した一斉学習・個別学習・協働学習での活用法から学年別ＩＣＴ授業プラン，校務で活用する仕事術までを紹介。

Ａ５判 152 ページ／定価 2,266 円(10% 税込)
図書番号 1633

明治図書　携帯・スマートフォンからは　**明治図書ＯＮＬＩＮＥへ**　書籍の検索，注文ができます。▶▶▶

http://www.meijitosho.co.jp　＊ 併記４桁の図書番号（英数字）で，HP，携帯での検索・注文が簡単に行えます。

〒 114-0023　東京都北区滝野川 7-46-1　ご注文窓口　TEL 03-5907-6668　FAX 050-3383-4991

バックキャスト思考で創る学級経営

赤坂 真二 著

未来のあるべき姿を考え，そこから逆に現在を見るバックキャスト思考で，学級経営が変わる！長期的な視点で考えることで，現状の制約にとらわれないアイデアや正解が見えない課題への対応，成長志向のアプローチが可能になります。変化の激しい時代に必携の学級経営論。

Ａ５判 192 ページ／定価 2,486 円(10% 税込)
図書番号 5017

教師のデジタル仕事術
毎日の授業から校務ＤＸまで

谷中 優樹 著

普段使いでここまで変わる！事務仕事がはかどり，子どもとの時間と笑顔も増えて教師もハッピーになるデジタル仕事術。毎日の業務や学級経営，思考ツール×デジタルで授業づくりにも活かせるデジタルツールについて，そのメリットと実際の使い方を丁寧に解説しました。

Ａ５判 152 ページ／定価 2,200 円(10% 税込)
図書番号 2682

クラス満足度１００％の学級経営アイデア
笑顔あふれるクラスへの仕掛け

樋口 万太郎 監修／島田 航大 著

いいね先生として，先生を100%楽しむ方法を発信している著者が，笑顔があふれるクラスを実現する学級担任の仕事術を直伝。最高の1年を始める準備から毎日のクラスが楽しくなる取り組み，いい雰囲気になる教室づくりから効果的な言葉がけなどその秘訣を1冊に。

Ａ５判 152 ページ／定価 2,310 円(10% 税込)
図書番号 0564

理科授業がおもしろい先生が実はやっている授業づくり５６のアイデア

吉金 佳能・衛藤 巧・田中 翔 編著

理科授業を，もっとおもしろく！教科の本質に迫る魅力的な授業づくりにアップデートする秘訣を，「仕掛け」「観察」「スキル」「ＩＣＴ」「授業開き・授業参観」「アウトプット」「個別最適な学び」「探究」の8つの視点からまとめました。

Ａ５判 144 ページ／定価 2,156 円(10% 税込)
図書番号 6225

明治図書　携帯・スマートフォンからは **明治図書 ONLINEへ**　書籍の検索，注文ができます。▶▶▶

http://www.meijitosho.co.jp　＊併記4桁の図書番号（英数字）で，HP，携帯での検索・注文が簡単に行えます。

〒114-0023　東京都北区滝野川 7-46-1　ご注文窓口　TEL 03-5907-6668　FAX 050-3383-4991

ステーション授業構想で育てる！教科横断型の学級経営

赤坂 真二・水流 卓哉 著

強度×時間×頻度を担保したコミュニケーションと一貫した指導で子ども達の力が伸びる！学級経営を基盤にして各教科をつなげるステーション授業構想と、教科横断型の学級経営のポイントをわかりやすく解説。クラス会議×各教科指導の実践例も豊富に収録した必携の1冊。

Ａ５判 168ページ／定価 2,200円（10%税込）
図書番号 4206

スマホでできるスマート学級経営

中野 博幸・赤坂 真二・田中 敏 著

学級経営はむずかしい判断の連続です。しかしアプリを使ったデータ分析の視点から学級をみることで、客観的な視点で、見せかけの現象や数字に振り回されない対応が可能になります。学級経営や授業づくりにおける様々な場面のデータの見方・活用例を豊富に収録しました。

Ａ５判 128ページ／定価 1,936円（10%税込）
図書番号 5016

学級経営サポートBOOKS 「むずかしい学級」対応マップ

山田 洋一 著

「むずかしい学級」で効果的な指導を行うためには、まず担任のマインドセットが大切です。出会いのアプローチからルールづくり、子ども達一人一人への言葉がけから、学びやすく過ごしやすい教室づくりのためのアクションガイド、保護者対応までを丁寧に解説しました。

Ａ５判 144ページ／定価 2,090円（10%税込）
図書番号 2373

学級経営サポートBOOKS 「小6担任」パーフェクトガイド

浅野 英樹 著

小学6年生は、大人に向けた思春期の大切な時期。そんな子どもたちを温かく照らす、小6担任の1年間パーフェクトガイド。事前準備から学級＆授業システムづくり、行事指導から子ども同士の関係構築、小6ならではの保護者対応まで。小学校最終学年の学級担任必携の1冊です。

Ａ５判 184ページ／定価 2,310円（10%税込）
図書番号 4652

明治図書　予約・注文はこちらから！明治図書ＯＮＬＩＮＥ→